もう
フリーズ
しない！

I WON'T
FREEZE ANYMORE!

シゴトの会話力

SHIGOTO NO KAIWARYOKU

もっと
職場で
信頼される

BE MORE TRUSTED
AT WORK

監修：リ・カレント株式会社　若手人材開発事業部（トレジャリア）

Ⓘ 池田書店

なぜ会話力は必要なの

「会話」とは、
言葉をやりとりすること。
　ビジネスでは、社内外でさまざまな人と言葉による関わりが
大切です。だからこそ、アップさせたいのが「会話力」。
　会話は、あなたを成長させる絶好の機会です。

会話ができると……

- 親近感が生まれ、話しやすくなる
- 理解が深まり、仕事がスムーズになる
- 周囲からさまざまな情報を得ることができる

ビジネスパーソンは、社内外で会話を重ねることで、知見を得て成長します。少ししか会話しない人は成長も小さく、実りのある会話をする人は大きく成長します。

CONTENTS

第2章 ▶ シーン別会話フレーズ

序章

会話の

心 構 え

日常会話とビジネスにおける会話の違いは？
組織の一員として仕事をスムーズに進めるために
必要な会話力を身につけるには
どうすればいいか見ていきましょう。

ビジネスにおける会話とは

ビジネスでの会話は、基本的に仕事を進めるために交わされます。
仕事は1人ではなく組織で進めます。
組織で仕事を進めるには「会話のスキル」が必要です。
各場面でビジネスでの「会話力」が求められます。

(個人と組織の違い)

ビジネスでは仕事を通して自分の"価値"を提供し、その"対価"を受け取ります。個人と組織では"提供物"も"対価物"も規模が違い、「個人で動く」のと「会社の一員として動く」のでは使う言葉も違います。

	個　人	組　織
相互の関係		
価値を提供できる範囲	狭い	広い
仕事の進め方	個人 「会話」がなくても成立する	組織で連携 連携を取りながら仕事を進めるので、会話が必要になる
意思決定	個人として	組織での合議、上司
対外的な立場	個人 個人は「私」	組織、会社 組織では「私ども」「当社」「弊社」に

（ プライベートと ビジネスの**違い** ）

家族や友人同士のコミュニケーションとビジネスでのコミュニケーションには、根本的な違いがあります。その違いを理解して気持ちを切り替えることができれば、「ビジネスパーソンとしての会話力」も高まります。

- 好きな話題を選べて、目的のない会話が多い
- 言葉を交わす相手を、自分の意思で選べる
- 気の合う人と、時間や空間の制約なく話せる
- 反りが合わない人と、無理して話さなくてよい
- SNSではスタンプなどで感性によるコミュニケーションを行える

- 基本的に、目的のない会話はない
- 言葉を交わす相手を、自分の意思で選べない
- コミュニケーションの目的は、仕事の遂行
- 年代や立場が違う人と、意思疎通の必要がある
- 反りが合わない人とでも、会話が必要になる

(相手への価値を考える)

「自分の価値」「自社の価値」を客観視できれば、同僚、関係各社、顧客に多くの価値を提供できます。相手の立場に立って、自分や自社の提供できる価値を考えましょう。

仕事の相関図

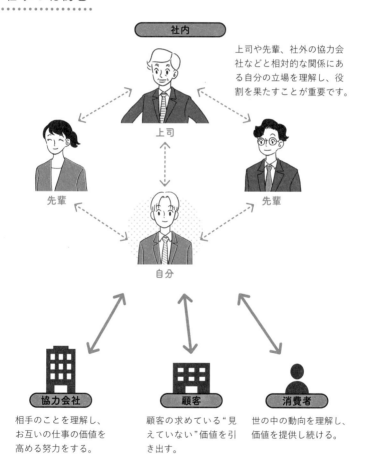

社内

上司や先輩、社外の協力会社などと相対的な関係にある自分の立場を理解し、役割を果たすことが重要です。

上司

先輩

先輩

自分

協力会社

相手のことを理解し、お互いの仕事の価値を高める努力をする。

顧客

顧客の求めている"見えていない"価値を引き出す。

消費者

世の中の動向を理解し、価値を提供し続ける。

上司・先輩の世界

会社では、ほぼ同い年の同期から、少し上の先輩、課長・次長・部長などの上司まで、年齢もキャリアも幅広い人が働いています。それぞれの立場で仕事が違うため、考えていることも異なります。

上司・先輩

- 考える仕事が多い
- 判断する仕事が多い（一度に決める物事の数も多い）
- 裁量権が大きい
- 影響の及ぶ範囲（人もお金も）が広いので多面的に考える
- 部下が多いと、部下の業務の詳細までは把握できない

部内のことだけ見ているわけじゃないからね

目の前の仕事しか見えないから、全体像がいまいちわからない

若手社員

- 短時間ですむ、単純な作業が多い
- 自分の業務の影響範囲が見えていない
- 裁量権が小さい
- 上司への情報共有（報・連・相）が頻繁に必要
- 上司が何をやっているのかを把握しにくい

(世代ごとの違い)

ビジネスではさまざまな年代・立場・価値観の人と会話します。若者の "常識" が他の人にとっては "非常識" になることも、その逆もあります。「話が通じない」と壁を築くのではなく、過ごしてきた社会背景が異なるため、それぞれの世代で考え方が違うことを理解しておきましょう。

1950年代後半～64年頃生まれ

新人類

「ジャパン・アズ・ナンバーワン」と言われ、日本企業が絶頂期を迎えた世代。「仕事は怒られながら覚える」もので、「会社に貢献する」「飲みに行って親交を図る」のが当然。頑張れば結果は付いてくると考える傾向がある。

1965～69年頃生まれ

バブル世代

就活は空前の売り手市場で、大卒の半分が一部上場企業に入社している。「仕事は自分で生み出すもの」という意識を持っているため、自信があり、勢いがあるように見える。若手社員から見ると、少しとっつきにくく感じることも……。

こんなモノが生まれた！

1960 年代 (50～60代)

カラーテレビ／リカちゃん人形／野球漫画／フォークソング

1970 年代 (40～50代)

インベーダーゲーム／成田空港／ディスコブーム／円の変動相場制／パソコン

1980 年代 (30～40代)

CD／ファミコン／ウォシュレット／東京ディズニーランド

1970〜74年頃生まれ

団塊ジュニア世代

第2次ベビーブーマーで世代人口が多い。受験戦争をくぐり抜けて大学入学したとたんにバブル経済がはじけ、不況に立たされたため、被害者感情が強いとも。就職氷河期を経験したことから、会社に頼らず、自分の足で立つという傾向が強い。

1975〜81年頃生まれ

ポスト団塊ジュニア世代

小さな頃からテレビゲーム機があり、社会人になる前にインターネットや携帯電話に親しんだ「デジタルネイティブ」のはしり。企業への忠誠心はますます薄れ、仕事とプライベートを分けて考えたり、自身のキャリアを重視したりするなど、個人志向がやや強い。

1987〜2004年頃生まれ

ゆとり世代

「ミレニアル世代」とも。仕事では地位や年収よりやりがいや意義、意味を重視し、「ワークライフバランス」を求める傾向が強い。自分なりの充実や満足を大切にしているので、出世や昇進に関心の低い傾向がある。

※世代ごとの年齢は本書発刊時（2021年）現在

1990年代 (20〜30代)

Jリーグ／Windows95／関西国際空港／PHS／道の駅／スマホ

2000年代 (10〜20代)

ワンセグ／Facebook／mixi／第1次韓流ブーム／YouTube

2010年代 (〜10代)

iPad／東京スカイツリー／LINE／Instagram

いまどき若手の傾向とマインド

個人差はあるものの、世代によって特徴的なメンタリティ（気持ちの持ち方）というものがあります。ここに紹介する5つのメンタリティは、今の若者に特徴的なマインド。逆に言えば、上の世代には「不思議」に思われている特徴です。

で、いいや メンタリティ

 言われた以上のことはやれません。それで満足

言われたことは正確にやりますが言われた以上のことはやりません。「言われたことを、しっかり正しくやること」がよいことだと考えています。

○ 与えられたことに対して素直で従順

よく言えば与えられた業務に対して「一所懸命で素直」に取り組みます。目の前の上司・先輩の適切な指導があれば着実に成長することができます。

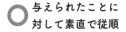

正解を検索 メンタリティ

 正解をどこかに探し求める。仕事にも正解を探し求める

ものごころついた頃からパソコン、スマホなどに囲まれてきたこともあり、わからないことは「検索すれば答えが見つかる」と考えがちです。

○ 情報処理能力が高い。キーワードで理解する

情報検索能力・情報処理能力には目を見張るものがあります。また、難しい状況をキーワード化して整理することがとても上手です。

クローズドマインド

メンタリティ

 何を考えているのか わからない

世代の違う人たちから「何を考えているのかわからない」と言われてしまいがちで、異質な人や、自分を否定するであろう人との交流を避けがちです。

○ **基本的に優しい。聞いてみるといいことを言う**

否定されない安心安全な場では、自分を出すことができるため、関係性ができている相手とは関わることができます。

貢献あこがれ

メンタリティ

△ **（どこか遠くの）社会貢献、（いつか）したい**

仕事を通じて社会に貢献するという意識が高いです。一方で「漠然とした貢献」と「目の前の仕事」をつなげることができないとモチベーションが下がる傾向があります。

○ **認められると力を発揮**

「○○さんのために頑張る」のような誰かの役に立ちたいという純粋な思いがあります。基本的に成長欲求は高く一所懸命努力する姿勢を持っています。

勝手に プレッシャー

メンタリティ

△ **ストレスに弱く、できない、わからないと言えない**

必要以上に失敗や評価を恐れる傾向があり、行動することができずに足踏みしてしまうことがあります。

○ **安心安全な場所では 活躍できる**

認められると力を発揮できる傾向があり、できなかったことではなく、できたことにフォーカスして伝えることで力を発揮しやすくなります。

会話力を
高めるためには

若い頃は周囲からの指導やフィードバックを受けながら、
自分の価値を高めていくことが大切です。
そのために必要なのが「会話力」。良質の会話を多く重ねれば、
それだけ知見・技術・人脈を得られます。

（ 相手目線を意識 ）

社会で交わされる会話は、仕事を円滑に進め、顧客に満足を与え、利益を上げることが主な目的です。そのため「相手目線」を意識した会話が必要なのです。

相手の立場に合わせた言葉で
上司にとってあなたは「部下」で、顧客にとっては「サービスを提供する会社の人」。会話は「相手」を意識し、ふさわしい言葉を選びます。

会話の相手は、多種多様な人々
業界・職種・年齢などによって「言葉」は通じなかったり、違う意味だったりします。ですから相手が理解できる言葉を使います。

聞くときも相手目線で
話すときに相手目線を意識するのは当然ですが、聞くときも相手目線は重要です。指導されることが多いからこそ、相手が話しやすい聞き方を心がけましょう。

会話の「目的」を忘れない
例えば依頼なら「頼む」ことではなく相手に「引き受けてもらう」ことが目的。相手目線で「どうしたら受け入れてくれるか」を考えます。

言葉だけが「会話力」ではない
「伝えたいこと」と「態度」が一致しなければ、本当に伝えたいことは伝わりません。ニヤニヤしながら謝罪しても逆効果です。

信頼を得るカギは「態度力」

納得・賛成したら「はい」、不承知・反対なら「いいえ」と伝える。お世話になったら心を込めて謝意を伝え、間違ったら心から謝罪をする。この「当たり前」を積み重ねることで、あなたは周囲からの信頼を得られ、仕事の中でも良好な関係を結ぶことができるでしょう。

\ 信頼 /

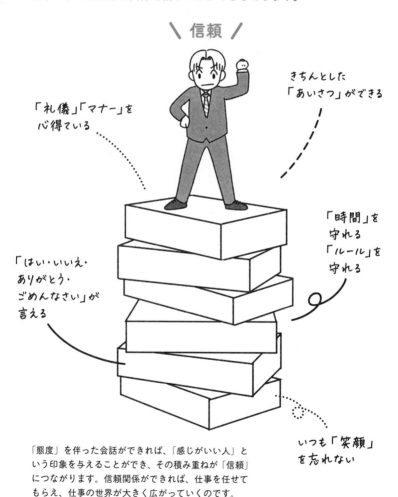

きちんとした「あいさつ」ができる

「礼儀」「マナー」を心得ている

「時間」を守れる「ルール」を守れる

「はい・いいえ・ありがとう・ごめんなさい」が言える

いつも「笑顔」を忘れない

「態度」を伴った会話ができれば、「感じがいい人」という印象を与えることができ、その積み重ねが「信頼」につながります。信頼関係ができれば、仕事を任せてもらえ、仕事の世界が大きく広がっていくのです。

（経験学習サイクルの活用）

若い頃は失敗を恐れず、まずは行動しましょう。行動が生んだ結果や、抱いた自分の感情などを省みて、自分なりの持論・法則を作っていきます。それをもとに新たな挑戦をして、自分の「経験」にしていきます。このサイクルを積み重ねていくうちに、いろいろな場面で活用できるようになります。

経験学習サイクル

Experiential Learning:
Experience as the Source of
Learning and Development
(David A. Kolb, 1983) より作成

実行・実践

まずやってみる。挑戦してみる。たくさんの経験をする

内省・反省

成功も失敗も含めて、なぜそうなったのか、どうすべきだったかを省みる

新たな挑戦

新しい状況・新しい仕事で、持論を試してみる

持論・法則化

内省・反省をもとに、自分なりの「成功法則」「失敗法則」を作っていく

これは「仕事」にも「会話」にも言えること。「話しかけづらい」と躊躇せず、思い切って自分から話しかけてみましょう。会話力もまた、この経験学習サイクルを繰り返していくうちに高まっていきます。

(関わることの**重要性**)

「会話の量が多い」＝「関わり（接点）が多い」と言えます。同僚との接点が多ければ、それだけ得られる情報が増えます。上司や先輩との接点が多ければ、その分多くのフィードバックを受け取ることができます。

関わり
少

若手から

報告・相談・
質問・雑談……

上司・先輩から

指導・助言・
フィードバック・
雑談……

関わり
多

小さな
成長・自信

大きな
成長・自信

≪ フィードバックを
多く受けるほど
成長・自信につながる ≫

たとえ耳の痛い指摘でも、フィードバックとして受け取り、次の仕事に活かすことができれば、先輩たちはより多くのフィードバックをしてくれます。それがあなたの成長につながることは言うまでもありません。自分の成長のために、良質な会話の機会を増やしましょう。

(フィードバックの受け方)

上司や先輩は、あなたの仕事にフィードバックをしてくれます。しかし「成長のためにより多くのフィードバックをしてあげたい」と思ってくれるかどうかは、あなたのフィードバックの受け取り方次第です。

フィードバックの流れ

❶ フィードバックを依頼する

行動の目的と、見てほしい観点を伝え、
フィードバックを依頼する（なるべく事前に）

若手：今日のA社でのプレゼンですが、「お客様にわかりやすく伝わっていたか」という観点で、後でフィードバックをいただけますか。
先輩：わかった。意識して見るね。

❷ フィードバックを受け取る

自身の工夫した点・意識した点を伝えたうえで、
フィードバックを受け取る

若手：資料は先輩にも見ていただいてブラッシュアップしたんですが、どうだったでしょうか。
先輩：資料はとてもよくできていたよ。話すときは、もっと抑揚をつけたほうがよかったかな。
若手：ありがとうございます。次は、そのようにやってみます。

❸ フィードバックを踏まえた
　　改善行動を伝える

受けたフィードバックをもとに新たな行動をし、
その報告をする（フィードバックのお礼も必ず）

若手：B社でのプレゼン、同じ資料だったのですが、声に抑揚をつけて、皆さんの目を見ながらゆっくり喋ったところ、A社のときより手応えがあり、皆さんの反応もよくわかりました。先輩のおかげです。
先輩：〈フィードバックした甲斐があったな〉

（口癖をプラス思考に）

人には自分では気づかない「口癖」があるものです。口癖はあなたの「考え方の癖」、つまり思考の傾向を表現しています。声に出さない口癖、つまり心の中でのつぶやきも同様です。「会話力」を高めるには、プラス思考になることも必要。そのためには、後ろ向きな口癖を変えましょう。前向きの言葉が多くなれば、気持ちも前向きになります。結果、周囲への影響も違ってきます。

後ろ向きな口癖・つぶやき	前向きな言葉・考え方
これは難しいな	→ この仕事は成長につながるな
あぁ、忙しい	→ 仕事がたくさんあって張り合いがある！
あぁ、疲れた、だるい	→ 今日もたくさん働いたから、帰ってしっかり休もう
これ以上は、どうしようもない	→ 何か別の方法はないかな？
どうせ私にはできない	→ どうしたらできるようになるのかな？
どうしてわかってくれないんだ	→ どうすれば理解してもらえるか考えよう
わからないからできない！	→ できるようになるために何が必要なんだろう？
そんなの、言うだけ無駄だよ	→ どうしたらちゃんと伝わるか考えよう

(言葉以外のコミュニケーション)

あなたが誰かに話しかけるとき、受け答えをするとき、あなたが発する
「言葉」だけがメッセージとして届いているわけではありません。相手は
言葉以外の要素からも、多くのメッセージを受け取っています。

メラビアンの法則

Silent messages
(Albert Mehrabian,1971)
より作成

会話で視覚情報・聴覚情報・言語情報が矛盾したメッセージを放っている場合、受け手は何を重視するのでしょうか。「言葉の内容」と、「表情や態度」「声のトーン」などの間に違和感があると、相手が重視するのはまず「見た目の印象」、次に「話し方の印象」、そして「言葉による内容」の順です。

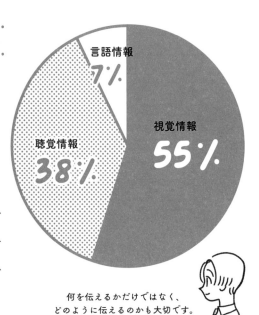

言語情報
7%

視覚情報
55%

聴覚情報
38%

何を伝えるかだけではなく、
どのように伝えるのかも大切です。

言語以外のコミュニケーション要素

視覚情報

● 表情（明るい、自信なさそうなど）
● 視線、しぐさ、姿勢
● ファッション、髪型、メイク
● ジェスチャー（腕を組むなども）
● 拍手、握手、スキンシップ

聴覚情報

● 声のトーン（高低）
● 声の大小
● 話すスピード、リズム
● 口調（やわらか、高圧的など）
● 滑舌（なめらか、聞き取りにくいなど）

第1章

会話の基本マナー

コミュニケーションを豊かにする会話の基本を学びましょう。ビジネスシーンならではの気をつけたいこともあります。リモートワークで役立つコツも紹介します。

話し方の基本

会話は「仕事をスムーズに進めるツール」であり、「人間関係を円滑にする秘訣」であり、「あなたを成長させる重要な要素」です。「上質な会話」を重ねていきましょう。そのためには「上手な話し方」をマスターすることです。

(上手な話し方の4大要素)

順番

**結論から始め、
結論で終える**

話す順番によって、印象も理解度も変わります。「あなたが最も伝えたいこと」「相手が最も知りたいこと」を最初に話すとよいでしょう。経緯・理由などは、その後に述べます。

言葉

**場にふさわしく、
相手に伝わる言葉を選ぶ**

雑談と会議では使う言葉が違います。相手の立場で、敬語も異なります。同じ単語が、業種や立場で違う意味になることもあります。それを念頭に置いて言葉を選びましょう。

声

**聞き取りやすいトーンと
スピードで話す**

小声でボソボソ話すと自信がないと思われます。話す声が大き過ぎると威圧感を与えます。声が与える印象は大きいのです。遠い席の人でも聞き取りやすい話し方が理想です。

表情

**話の内容と矛盾しない
表情で伝える**

言葉にどれほどの本気が入っているかは、表情に出ます。うれしい気持ちを伝えるなら明るい表情に、お詫びを伝えるなら申し訳ない表情になるはずです。

話す順番はPREP法で

「自分が最も伝えたいこと」「相手が最も知りたいこと」から始める
話し方を「PREP法」（プレップ法）と言います。

 POINT 【結論】
- 「私は○○をしたい」
- 「売上高は○○円になる」

↓

 REASON 【理由】
- 「理由は○○だから」
- 「原因は○○だと思われるので」

↓

 EXAMPLE 【具体例】
- 「例えば○○などの情報がある」
- 「具体的には○○のメリットがある」

↓

 POINT 【結論】
- 「だから、私は○○をしたい」
- 「というわけで、売上高は○○円になる」

例

> 私はA社を採用すべきだと考えます。Ⓟ
> こちらの意図を最も汲み取り、コスト面で最
> 適な金額を提示してくれたからです。Ⓡ
> 意図を汲み取ってくれたというのは、○○か
> らわかります。コストは他社よりも○○です。Ⓔ
> ですから、私はA社を推したいと思います。
> Ⓟ

（円滑な仕事は「報・連・相」から）

✔「報・連・相」の役割

ビジネスコミュニケーションの基本は、「報・連・相（ほうれんそう）」と言われています。これは、「報告・連絡・相談」の略称で、仕事を円滑に進めるうえで欠かせません。

報告 仕事の進捗状況や結果を、
相手に知らせること

例

> パンフレットの発注が完了しました。5万部で相見積もりを取り、10万円だったA社に発注いたしました

連絡 必要な情報・予定を、
関係者に伝達すること

例

> 次回の連絡会議は○月○日10時から、先方で行うことになりました。打ち合わせには、部長、課長、私の3名が出席します

相談 問題解決のために、
意見を求めること

例

> A案かB案かで迷っています。私は新鮮味のあるA案がいいと思うのですが、いかがでしょうか

✔「報・連・相」のポイント

報告
- 聞かれる前に、自主的に、迅速に
- 結論から先に述べる
- 悪い報告ほど、早めに伝える
- 客観的な事実を正確に話し、自分の意見は後で加える
- 上司の重視する基準で、項目・順序を考える

連絡
- ミスを防ぐためにも、5W 3Hは正確に
- よくないこと、言いにくいことほど、早めに伝える
- 関係者に漏れる人がないよう、全員に伝わったか確認
- タイミングを見計らう(遅すぎるのも早すぎるのもNG)
- 連絡事項の訂正は、素早く、的確に

相談
- 相談内容にふさわしい相手を選ぶ
- 内容が複雑で時間がかかりそうなら、事前にアポを取る
- 困っている点を明確に整理してから話す
- 自分の意見があれば伝える
- アドバイスを受けて行動したら、後で必ず報告する

報告と連絡の違いは？

報告は「打ち合わせは、無事終わりました」など、起きた事実を伝えます。一方、連絡は「打ち合わせに間に合いそうもありません」といったように、予定・見込みといった未来のことを伝えます。

報・連・相のタイミング

しなければならないとわかっていても、声をかけるタイミングは難しいもの。上司や先輩と「月曜日の朝イチに必ず報告をする」など、「タイミング」や「ルール」を決めておくと、お互いに話しやすくなります。また、何かを相談した後で、「また相談させてください」と言えば相手もうれしく、自分からも声をかけやすくなるでしょう。

報告

✔ 報告の流れ

中間報告・結果報告・緊急報告など、上司や先輩に報告すべき場面は多々あります。「自分のミスだから言いにくい」「忙しそうだから声をかけにくい」「悪いニュースでショックを与えたら悪い」などと躊躇するのはかえってNGです。

❶ 聞かれる前に、自主的に

進行中のAの件について、お伝えすべきことができたのでご報告にまいりました

たとえ仕事が順調に進んでいたとしても、上司は気にしています。「あの件は？」と尋ねられる前に報告を。「順調です」だけでもいいのです。

❷ 結論から先に、悪い報告ほど早めに伝える

B社とC社の間で行き違いがあり、作業がストップしています

「最も伝えなければならないことは何か」を考えてから切り出しましょう。そのためには、要点をあらかじめ整理しておくことです。

❸ 客観的な事実を正確に話し、意見は後で加える

B社が発注したという内容と、C社が受けたという内容に齟齬が起きています。私たちが入って仕切り直しすべきかと思います

報告は「要点を漏れなく、正確に、簡潔に」が基本。事実と意見は区別します。客観的な事実を伝えた後、意見があれば付け加えます。

✕ こんな報告はNG

 ## タイミングが遅すぎる・タイミングが悪い

報告の正しいタイミング

- 担当の仕事が完了したとき（報告までして、仕事が完了します）
- 指示された作業を終えたとき（忘れがちなので要注意）
- 長い作業のときは区切りで（「中間報告」も大切です）
- 予定を変更せざるを得ないとき（報告しないと後で大変なことに）
- ミスやトラブルが生じたとき（最優先で報告しましょう）

 ## 結論があいまいで、要領を得ない

> A社で打ち合わせしたのですが、Bさんが○○と言って、でもCさんは
> そう思っていないようなので、もう少しこちらで練り直しとなって……

報告を受けた側は、「結局どうなったの？」と聞きたくなります。

 ## 客観性に欠け、意見・感想などが区別されていない

> Bさんが○○と言ったので驚いたんですが、Cさんが「そんなことない
> よ」と言ってくれてホッとしました。なんかすごいことになって……

報告を受けた側は、「何が事実？　意見？　感想？」と聞きたくなります。

自分のミスを報告するときは

- ✕ 事態を過小評価する ⇨ ◯ 起こった事態を正確に
- ✕ 言い訳を並べる ⇨ ◯ ミスの原因を客観的に正確に
- ✕ 責任転嫁をする ⇨ ◯ 自分のミスは潔く認める
- ✕ 謝らない ⇨ ◯ 関係者に謝罪する
- ✕ 勝手に善後策を進める ⇨ ◯ 上司に確認してから

連 絡

✔ 連絡の流れ

「自分が遅刻・欠席すること」「次のミーティングの予定」「決定事項」「予定の変更」「電話メモ」「訃報」などなど、連絡も多種多様です。ですが、どんな連絡をするときにも、念頭に置きたい3つの要素があります。

① 聞かれる前に、自主的に

「誰が、なぜ（目的）、何を、いつ、いつまで、どこで、どのように、いくつ、いくらで」を意識します。用件に合わせて必要な項目は漏れなく正確に伝えます。

② Bad News First（悪い情報ほど早く）で

悪い内容や関係者に迷惑をかける内容ほど、早めに連絡します。連絡事項に訂正が生じたときも、素早く的確に。メールなら、修正点を明らかにするとともに、修正後の内容も再度送ると親切です。

③ タイミングを見計らう

遅すぎてはいけないのは当然ですが、早すぎるのも考えもの。例えばオンライン会議の連絡なら、日時は決まり次第伝え、会議のURLはリマインドも兼ねて1日前に送るのが親切です。

連絡は、こんなときに

会社への連絡
- 会社を休むとき、遅刻・早退するとき
- 外出先で業務を終え、直帰するとき
- リモートワーク中に離席・外出するときなど

社内での連絡
- 受電連絡
- 会議スケジュールなどの通知・変更
- 訃報など社外からの連絡など

社外への連絡
- 打ち合わせなどの内容・日時・場所の通知・変更
- 約束の日時に間に合いそうもないとき
- 他社から連絡のあった必要事項を関係各社に回すときなど

● リモートワーク中に外出するとき

家族が急に体調を崩し、病院に送って行かなければならなくなりました。2時間ほど外出してよろしいでしょうか。メールはスマホで確認いたします

離席してよいか確認後に離席の見込み時間を伝え、離席中の連絡方法を伝えます。事情はさしつかえない範囲で伝えておくほうが相手は安心できます。

● 会議室の手配を終えて

○月○日午後に予定している会議ですが、14時から16時まで、5階の第6会議室を押さえました

日時・場所を正確に伝えるのは当然ですが、聞き取りにくい言葉（1時と7時など）や勘違いしやすい表現（14時と午後4時など）には特に注意しましょう。

● 取引先からスケジュールの変更を伝えられて

A社から電話がありました。新製品の発表記者会見が、先方の都合で、来月に延期になったとのことです

「伝言ゲーム」のように変質・劣化しないように、聞いたことは過不足なく伝えましょう。電話を受けた時点で、必ずメモをして、復唱して確認しましょう。

● 訪問先に遅刻しそうなとき

今、○○駅ですが、○○線が止まってお約束の時間に間に合いそうもありません。到着の見通しがつきましたらまたご連絡します

約束どおりに到着できないと判明した時点で、すぐに連絡を入れ、遅れること・理由・到着時刻の見通しを伝えます。予想がつかなくても、適宜連絡を入れましょう。

● 約束の納期に間に合わないとわかったとき

たいへん申し訳ないのですが、今週中にお送りするはずのサンプルは、工場の都合で週明けになります

判明した時点ですぐに連絡を入れ、「遅れること・理由・いつになるか」を伝え、お詫びしましょう。最後に「なにとぞご了承ください」の一言を忘れずに。

● なかなか連絡がつかないときは

メール、留守電、メモなど、複数の手段で連絡を。伝わったかどうかの確認も忘れずに。

✔ 相談の流れ

判断に迷ったらすぐに相談して、知識も経験も豊かな上司や先輩の知恵を借りましょう。自信がないまま、独断で事を進めてはいけません。ただし、やみくもに尋ねるのはNG。自分なりの分析・意見を持って相談しましょう。

❶ 判断に迷ったら、自主的に

今、少しだけお時間をいただいてもいいですか。
ご相談したいことがあるのですが

相談内容によっては、どんなトーンで切り出せばいいのかわからないこともあるでしょう。しかし上司は、自主的な相談を待っています。

❷ 自分なりの意見を持って

どちらの方式が適切なのか、記載がありません。
私はA方式でいいと思うのですが、いかがでしょうか

まったくお手上げなら上司に丸投げの相談も仕方ありませんが、できるだけ自分なりに考え、意見があれば伝えましょう。

❸ アドバイスは素直に受ける

よくわかりました。ではB方式のほうで進めます。ありがとうございます。また迷ったら、ご相談させてください

期待どおりの答えが返ってくるとは限りませんが、相手はあなたよりも経験豊富です。まずは素直に、謙虚に受けとめましょう。

✔ 相談のしかた

相談事にも、「どちらがいいでしょうか」というシンプルな質問から、複雑に入り組んだ状況を説明しなければならない案件まで、さまざまなパターンがあります。相談の切り出し方と相談後の報告がポイントです。

> どうしても自分では決められないのでご相談したいのですが、A社とB社のどちらがいいのかわからなくて、あ、チラシの件ですが、明日が締め切りなんです

> チラシの件でご相談したいのですが、今よろしいでしょうか。明日が締め切りですが、A社とB社のどちらがいいのか、どうしても決められないのです

相談後の報告も忘れずに

相談した案件が収束すると、ホッとしてすべて終わった気になりがちです。けれども、相談された側は「どうなったかな」と気にしているもの。相談後の報告を忘れてはいけません。

社外の人に「社内で相談したい」と伝えたいとき

> 私では決められないので、上司と相談します

> 私の一存ではお答えしかねます。社内に持ち帰り、相談させてください。来週までにはお返事いたします

自分では判断できないときや、裁量権がない案件については、「会社で相談してから回答する」と伝えましょう。回答を伝える期日の見込みも伝えると親切です。

コミュニケーションを
円滑にするには

円滑なコミュニケーションをとるために
欠かせないのは、相手への"敬意"と"配慮"です。
へりくだり過ぎてはいけませんが、
謙虚な姿勢は会話力をアップさせます。

敬意や配慮を示す「一言」を添える

「よろしければ」「さしつかえなければ」「どうぞ」などのクッション言葉は、相手への敬意を感じさせる一言です。

どうぞ、こちらへ
お入りください

恐れ入りますが、
**こちらで少々
お待ちください**

✔ "否定形"よりも"肯定形"で

ネガティブなことを伝える場面も多々ありますが、
否定形よりも肯定形のほうが印象が和らぎます。

 そのご要望には、お応えできません

 そのご要望には、お応えしかねます

（ クッション言葉の例 ）

使いたいシーン	クッション言葉
どんなシーンでも	恐れ入りますが
	恐縮ですが
提案をするとき	よろしければ
	さしつかえなければ
お断りするとき	せっかくですが
	心苦しいのですが
お願いをするとき	ご迷惑でなければ
	お手数をおかけしますが
何度も頼むとき	重ね重ね恐れ入りますが
	たびたび申し訳ないのですが
無理にお願いするとき	ご無理を申し上げますが
	ご迷惑は重々承知ですが
出向いてもらうとき	ご足労をおかけしますが
	お呼び立てするようで恐縮ですが

聞き方の基本

会話力をアップさせる近道は、「聞き上手」になることです。
聞き上手な人には、気軽に話しかけてくれるでしょう。
「話し上手」な人も魅力ですが、まずは相手の話を聞くことから。
日頃から心がけておきましょう。

(上手な聞き方)

聞き上手になるためには、「あなたの話を聞いています」「理解しています」という意思表示を、意識的に行いましょう。タイミングよく「うなずく」こと、上手に「あいづち」を打つことで、意思表示ができます。

穏やかな表情で聞き始め、
話の内容に合わせて
表情を変える

途中でさえぎったり、
相手の意に無頓着に
口出ししたりしない

相手のほうに体を向け、
基本的には話し手の
目を見ながら聞く

話の内容に
合わせて、
適切な
あいづちを打つ

✔ あいづちフレーズ

肯定

- たしかに
- そうですよね
- ごもっともです
- よくわかります

共感

- 本当ですね
- まったくです
- そのとおりです
- 同感です

同情

- そうだったんですか
- そんな……
- お気の毒です
- なんと言っていいか

感心

- すごい！
- さすがです
- お見事！
- 知りませんでした

展開

- それでどう
  なったんですか
- 興味津々です
- どうしてそんなことに

怒り

- それはひどい！
- あんまりです！
- おつらいですね
- お察しします

✘ これはNG

うなずくことなく無言で聞くのはNG。「ふ〜ん」「なるほど」は、同僚や後輩でなければNGです。「はい」はOKですが、「はいはい」と重ねると、上の立場の人には失礼になります。話をさえぎったり話の腰を折ったりするあいづちも避けましょう。

（聞き取りテクニック）

人の話を聞くときに共感を示すのは大切ですが、ビジネスでは「正確に聞き取る」ことが何よりも大切になります。聞き漏らす、勘違いする、忘れてしまうことがないように、「上手な聞き方」を身に付けましょう。

✔ メモの活用

電話を受けたとき、上司からの指示があったときに、「メモを取る」習慣をつけましょう。話の要点を頭の中で整理しながら、キーワードを書き留めておくのです。聞き終えたら、メモを見ながら復唱し、わからないことを尋ねてください。メモを取ることで、「あなたの話が重要だと理解しています」という姿勢を示すことができます。

メモは5W3Hで！

Who 　誰が
Why 　なぜ（目的）
What 　何を
When 　いつ、いつまで
Where 　どこで
How 　どのように
How Many 　いくつ
How Much 　いくらで

✓「聞き方上手」は「質問上手」

会話力には「質問する力」も含まれます。上手な質問を受けた側は、気持ちよく答えてくれるはず。「質問する力」を身に付ければ、あなたの仕事の幅も人脈も、大きく広がっていくでしょう。

質問の効用
- 会話のきっかけを作れる
- 疑問点を確認し、不安を解消できる
- 知りたい情報を得られる
- 話題を深めたり広げたりできる
- 話したがっている人に、話す機会を与えられる

オープンクエスチョン
- 多くの情報を知りたいとき
- 聞きたいことが整理し切れていないとき

答え方に制約がなく、自由に答えられる質問

A社へのプレゼンですが、どんな点に気をつけたらいいでしょうか

B社のCさんには初めてお会いするのですが、どんな方ですか

クローズドクエスチョン
- 正しいかどうか、確認したいとき
- 答えを絞り込みたいとき

二者択一や、「3つのどれか」など、答えが限定された質問

A社へのプレゼンですが、資料は明日まででよろしいでしょうか

B社のCさんは、こちらの意図をご理解いただけていますでしょうか

オンライン
コミュニケーション

リモートワークの導入で、オンラインでの会議やプレゼンなどが
一気に普及しました。「気持ちや意図が伝わりにくい」とされる
モニター越しのコミュニケーションにある特徴を
知っておきましょう。

(対面とオンラインの違い)

オンラインでは「微笑んだぐらいでは無表情に
映る」「テンションを上げて話すほうが伝わりや
すい」と言われます。リアルとオンラインでは、
コミュニケーション要素が違うのです。

	対 面	オンライン	
使う感覚	五感	視覚・聴覚	➡リアルなら、握手した手の"触覚"、香水が刺激する"嗅覚"なども印象の一部。オンラインは"視覚"と"聴覚"がすべてです。
見られているもの	全身	顔または上半身×背景	➡首から上だけのアップで映るか顔は小さく映すかなども、自分で決めることになります。"背景"も含めて「あなたの印象」です。
アイコンタクト	目と目を合わせられる	目と目が合わせられない	➡モニターに映っている目を見つめても、相手は「見られている」とは感じません。相手の目ではなく、自分のカメラを見るのです。

リモートワークだからこそ 会話を増やそう

オンラインコミュニケーションに不安を感じている人は少なくありません。「リモート環境での仕事のしかたを学んだことがある」若手は約１割しかいないのです。

リモート環境で働くなかでの心配事や不安ランキング（複数回答）

1位 何でも相談できる人が職場にいないと感じる ……………………… **26.1%**

2位 キャリアや働き方の変化に漠然とした不安を常に感じる ………… **24.9%**

3位 職場やチームに貢献できているかが見えにくいと感じる ………… **23.7%**

Q. リモートワークで、上司や先輩・職場の人と雑談や相談をしますか

A.

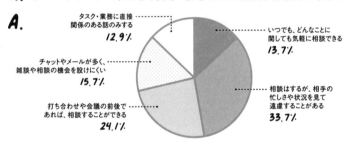

- タスク・業務に直接関係のある話のみする **12.9%**
- いつでも、どんなことに関しても気軽に相談できる **13.7%**
- チャットやメールが多く、雑談や相談の機会を設けにくい **15.7%**
- 相談はするが、相手の忙しさや状況を見て遠慮することがある **33.7%**
- 打ち合わせや会議の前後であれば、相談することができる **24.1%**

Q. 話しかけるための工夫は何をしていますか

A.

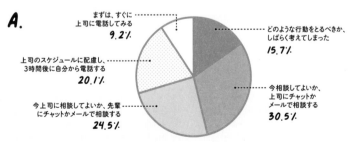

- まずは、すぐに上司に電話してみる **9.2%**
- どのような行動をとるべきか、しばらく考えてしまった **15.7%**
- 上司のスケジュールに配慮し、3時間後に自分から電話する **20.1%**
- 今相談してよいか、上司にチャットかメールで相談する **30.5%**
- 今上司に相談してよいか、先輩にチャットかメールで相談する **24.5%**

「リモートワーク時代の20代若手社員の本音を読み解く　オンラインで働く悩みに関する若手意識調査」（2020年9月）
リ・カレント株式会社若手人材開発事業部　※構成比の数値は、四捨五入のため100％にならないことがあります。

オンラインコミュニケーションでの態度力

モニター越しでも、あなたの仕事への姿勢が見えてしまいます。
モニターへの映り方、表情、話し方、すべてに手を抜かないように
意識しましょう。

自宅にいても、ビジネスファッションで

何かを取ろうと立ち上がって、下半身が映ることもあります。出社するときと同じ身だしなみを心がけましょう。

ハンドジェスチャーを上手に利用する

数、大きさ、気持ちなどを強調するときに「ハンドジェスチャー」を入れると、伝わりやすくなります。

無言のときでも、常に口角を上げて

モニターでは、普段どおりのつもりでも「無表情」に映りがちです。目に力を入れ、口角を上げ、意識して「微笑み」を作りましょう。

カメラの位置は、できるだけ自分の目の高さに

"カメラ目線"は、「相手の話に興味を持っている」と示すサインです。上下に角度がつき過ぎると印象がよくありません。

アクションはオーバー気味に

肯定の意思表示をするなら、首を上下に大きくゆっくり動かしてうなずきます。オンラインでは、少しオーバーアクションのほうが伝わります。

原則としてカメラはON、大勢なら音声はミュートに

顔を見せることは最低限のマナーです。マイクは周囲の音が入らないよう、特に大勢の会議では、自分が発言するとき以外はミュートにしておきます。

（オンライン会議における フレーズ例）

● 会議が始まる前の雑談で

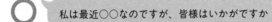

> 私は最近〇〇なのですが、皆様はいかがですか

リモートワークだからこそ、状況や事情を共有しておくことで、相互の理解が生まれ、仕事も円滑に進みます。自分から積極的に話すことで、他の人も話しやすくなります。

● 誰かのマイクから、雑音が聞こえてくるとき

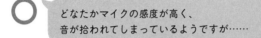

> どなたかマイクの感度が高く、
> 音が拾われてしまっているようですが……

生活音が入っていることに気づかない人もいます。誰だかわかっていても、まずは名指しせずに注意を喚起しましょう。音漏れしていた人が、恥をかかずにすみます。

● 相手の音声が途切れたり画面がフリーズしたりしたとき

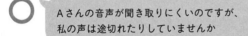

> Ａさんの音声が聞き取りにくいのですが、
> 私の声は途切れたりしていませんか

テクニカルな問題が発生したときには、デジタルに強くない人のプライドを傷つけないように「私のほうにも問題が起きているかも」という言い方をしてみましょう。

● 自分が発言するとき

> 私も一言よろしいでしょうか

オンラインでは音がズレて、お互いの声が被りがちです。「今から発言したい」「これで発言を終える」と、それぞれのタイミングを伝えれば、会話がスムーズに進みます。

● 途中で他のメンバーの参加をお願いしたいとき

> できればＢさんにもご参加いただきたいのですが、
> Ａさんからお声がけくださいませんか

ＡさんとＢさんが同じ社内にいて、会議への途中参加をお願いするようなケースです。

敬語の知識

敬語は相手への"敬意"を示す表現。敬語を使いこなせなければ、
一人前のビジネスパーソンにはなれません。
若い人が適切な敬語を使うことで初めて
目上の人は同じ土俵に立って会話してくれます。

敬語の基本

ビジネスでは、相手が誰であれ「丁寧語」が基本。そのうえで、相手が
目上やお客様であれば、敬意を示すために「尊敬語」や「謙譲語」を使
います。

尊敬語

「相手を高める」表現。主語は相手
です。動詞を「お（ご）〜になる」
にするか、後ろに「（ら）れる・さ
れる・なさる」を付けるのが基本。

例
- ご出席になる
- 出席される
- 出席なさる

丁寧語

「です」「ます」などの敬体で語尾
を結ぶ表現です。「だ」「である」
などの常体と区別されます。

例
- です
- （し）ます
- ございます

謙譲語

「自分がへりくだることで相手を立
てる」表現。主語は自分です。動
詞を「お（ご）〜する」にするの
が基本形。

例
- お会いする
- お電話する
- ご案内する

美化語

名詞の前に「お」や「ご」を付け
たり、「髪」を「おぐし」などと言
い換えたりするのが美化語です。

例
- お酒
- ご意見
- （うまい→）おいしい

✔ 立場による使い分け

相手が主語なら「尊敬語」、自分が主語なら「謙譲語」が基本ですが、立場の違う第三者がいる場合、「目上には尊敬語」という原則は、身内（自社）に適用されません。

私→同僚　基本は丁寧語・美化語を使います。ただし、美化語の使い過ぎは違和感にもつながるので使い分けに気をつけましょう。

> お昼は、もう食べましたか

> この件、部長に確認してくれましたか

私→先輩・上司　常に敬語を使います。尊敬語・謙譲語は基本ですが、役職や立場に応じて、ふさわしい丁寧さのレベルは違ってきます。

> 昼食は、もう召し上がりましたか

> この件、お聞きおよびでしょうか

私→取引先　上司と同様の敬語です。身内（自社）の人間を主語に述べるときは、たとえ自分の上司でも、へりくだって謙譲語を使います。敬称も用いません。

> Aは、昼食をすませてからまいります

> この件、弊社のAからお聞きおよびと思いますが

✘ 取引先相手に間違いやすいNG表現

> うちのA部長は、それでいいとおっしゃっていました

➡ 「弊社のAは、それでよいと申しておりました」

> B課長から、改めて説明しに行きます

➡ 「弊社のBから、改めてご説明に上がります」

✔ 基本形以外の尊敬語・謙譲語がある動詞

尊敬語なら「お（ご）〜になる・（ら）れる・される・なさる」、謙譲語なら「お（ご）〜する・いたす」が基本形ですが、動詞によっては例外もあります。

主語＝自分・同僚 丁 寧 語	主語＝上司・先輩・取引先 尊 敬 語	主語＝自分・自社 謙 譲 語
います	いらっしゃる	おる
します	される・なさる	いたす
言います	おっしゃる	申す・申し上げる
聞きます	－	伺う・拝聴する
読みます	－	拝読する
見ます	ご覧になる	拝見する
会います	－	お目にかかる
行きます	いらっしゃる	伺う・まいる
来ます	いらっしゃる・お越しになる おいでになる・お見えになる	伺う・まいる
食べます	召し上がる	いただく
与えます	くださる	差し上げる・上げる
尋ねます	－	伺う
買います	お求めになる	－
着ます	お召しになる	－

基本どおりに、「言う」➡「言われる」／「会う」➡「会われる」（尊敬語）、
「聞く」➡「お聞きする」／「尋ねる」➡「お尋ねする」（謙譲語）などとするのも、
もちろんOKです。

✔ 丁寧語・尊敬語・謙譲語の落とし穴

目上や社外の人に対しては、「尊敬語＋丁寧語」「謙譲語＋丁寧語」の形で使います。ただし、下のようなことには注意しましょう。

✘ 尊敬語を重ねた二重敬語

社長がこうおっしゃられました

➡ 「おっしゃいました」「言われました」「仰せになりました」

資料はお読みになられましたか

➡ 「お読みになりましたか」
「読まれましたか」

✘ 立てるべき相手が主語なのに、述語に謙譲語を使う

（お客様は）ご乗車することはできません

➡ 「ご乗車になれません」

（社長は）どういたしますか

➡ 「どうなさいますか」

✘ 丁寧語を重ねた二重敬語

ありますでしょうか

➡ 「ありますか」「あるでしょうか」

ございますでしょうか

➡ 「ございますか」
「ございましょうか」

⚠ 敬語の連結（間違いではありませんが、くどい印象です）

していただけますと幸いでございます

➡ 「していただけると
幸いでございます」

右の角をお曲がりになり、真っ直ぐ行かれ、西門からお入りください

➡ 「右の角を曲がり、真っ直ぐ行き、西門からお入りになってください」

二重敬語と慣用句

基本的には、二重敬語はNGです。しかし、すでに「習慣として定着している」として文化庁が認めるものもあります。例えば「お伺いします」は「伺う」と「いたす」の二重敬語で、本来なら「伺う」で十分ですが、習慣として認められています。ほかにも、「お召し上がりになる」「お見えになる」「お伺いする」「お願いいたす」などがあります。

✔ つい使ってしまう「若者言葉」に注意

"若者言葉"は、とっさのときに無意識に出がちです。「でも」「だって」などは言語道断。下のような口癖にも注意しましょう。

「ら」抜き言葉

✘ 見れます
⇨ ◯ 見られます

✘ 決めれます
⇨ ◯ 決められます

「のほう」でぼかす

✘ 部長は工場のほうに行っております
⇨ ◯ 部長は工場に行っております

✘ 書類のほう、お持ちしました
⇨ ◯ 書類をお持ちしました

「になります」「よろしかったでしょうか」を多用する

✘ こちらが資料になります
⇨ ◯ こちらが資料です

✘ これでよろしかったでしょうか
⇨ ◯ これでよろしいでしょうか

「さ」入れ言葉

✘ やらさせていただきます
⇨ ◯ やらせていただきます

✘ できなさそうです
⇨ ◯ できなそうです
　◯ できそうもありません

「的」でぼかす

✘ 高さ的には大丈夫かと
⇨ ◯ 高さは大丈夫かと

✘ 私的にはこう考えます
⇨ ◯ 私はこう考えます

「普通に」「一応」を乱発する

✘ 普通にいいと思います
⇨ ◯ いいと思います

✘ 一応、作業終わりました
⇨ ◯ 作業が終わりました

● ビジネスシーンで使う名詞

普通の表現	尊敬表現	謙譲表現
会社	御社・貴社	弊社・当社
店	貴店	当店
同行者	お連れの方・お連れ様	連れの者・連れ
担当	ご担当者・ご担当の方	担当の者・担当者
贈り物	お品物・ご厚志	粗品・寸志

第2章

シーン別

会話フレーズ

出社から退社までを追いながら、仕事をするうえで
起こり得るビジネス会話シーンを具体的に見ていきましょう。
つまずいてしまう背景から理解を深め、
会話力 UP につなげます。

SCENE 1 〔8:30〕

あいさつをする

あいさつは、ビジネスに限らず、良好な人間関係を築くのに大切な
会話の基本です。笑顔での明るいあいさつは、する側もされる側も
気持ちのよいもの。気持ちのよい日々のあいさつを積み重ねることで、
上司や先輩からの信頼にもつながります。

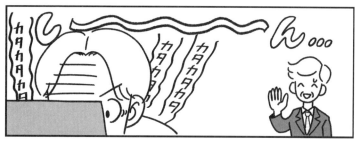

あいさつをするときの心得

● 雑で中途半端なあいさつはマイナスの先入観を与えてしまうことがある。
● 発する言葉以外にも声の大きさやトーン、表情、姿勢なども相手に与える印象を作っている。

若手社員
のキモチ＆ホンネ

キモチ

あいさつって
なんで重要
なんだっけ？

「あいさつをする」意味や、
あいさつの重要性がいまいち
わかっていない。

ホンネ

あいさつって緊張するなぁ
誰にあいさつをすれば
よいのかわからない
そもそもあいさつをしない
上司や先輩もいるよね

背景

できることなら人前で目立ったり、
失敗したりしたくないと思ってい
ます。あいさつなどの目立つ行動
はしたくないと考えているうえに、
周囲の上司や先輩があいさつをし
ない姿を見ると、自分からあいさ
つをしなくなる傾向があります。

Q. 一緒に働く人に対してどのような
考えを持っていますか？

「働くことへの若手意識調査」（2020年4月）リ・カレント株式会社若手人材開発事業部

A.

DATA

役に立ちたい・喜んでもらいたい　　　　　　　　　　　　　39.2%

自分のことを認めてもらいたい　　　　　　　　29.4%

自分を助けてほしい　　9.8%

特に何かを期待しない　　　21.6%

0.0　　　10.0　　　20.0　　　30.0　　　40.0（%）

上段縦書き：

上司・先輩
のキモチ＆ホンネ

キモチ

社会人として
あいさつをする
のは当たり前
だろう！

社会人として、上司や先輩に
「あいさつをする」のは礼儀で
あり、当然だ。

ホンネ

若いのに元気がないなぁ
この人に仕事を任せて
大丈夫かな？
取引先など社外に出せる
か心配だ

背景

仕事でのあいさつは最低限のマナー。できて当たり前という意識を持っています。そのため、元気のないあいさつやあいさつをしない若手社員に接すると、仕事の当たり前ができない人なのではないかと、不安を感じます。

若手の声

出社して元気よくあいさつをしたつもりだったのに、先輩から身だしなみが崩れていることを注意されてしまった。あいさつは大きな声を出して周囲の注目が集まるので、見られているという意識を持って行う必要があると感じた。（20代男性）

上司・先輩
の声

あいさつをなかなかしてくれない若手には、仕事を頼むにも他の人と比べて少し声をかけづらいと感じる。仕事を一緒にする前提として信頼関係や安心感が大切なので、仕事を依頼する人が若手の中でも偏ってしまう。（30代男性）

"あいさつ"のポイント

ポイント

基本はいつでも、どこでも、誰に対しても

会社という組織は、同僚や先輩、上司とさまざまな"個人"が集まった"チーム"です。あいさつはいつでも、どこでも、誰に対しても行うのが基本。社内でも取引先でも、笑顔での明るいあいさつはプラスの印象につながり、周囲との自然なコミュニケーションを生み出します。

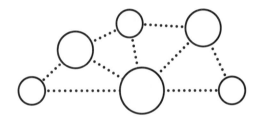

ポイント

言葉以外の部分も意識する

あいさつは言葉だけではなく、態度や表情なども相手の印象に残ります。どこを見ているのかわからないような態度やムスッとした表情では、せっかくのあいさつも台無しです。また、相手に聞こえないような小さな声や、最後まで言い切らないのでは気持ちのよいあいさつにはなりません。

おはようございます

ポイント

3 自分の状況を
知ってもらう

ビジネスシーンでは「おはよう
ございます」だけではなく、自
分の状況を伝えるときにもあい
さつは有効です。外出するとき
の「行ってまいります」、退社す
るときの「お先に失礼します」
などを上司、先輩に言うことで、
今、自分が何をしているか伝え
ることができます。

リモートワークでは……

画面内の情報がすべてとなるため、対面のときよ
りも相手の状況が汲み取りにくくなります。それ
はリモートで会話をする相手にとっても同じです。
コミュニケーションは少しオーバーアクション気
味のほうが、受け手には伝わりやすいです。対面
のとき以上に、表情や態度を意識しましょう。

あいさつは自分を印象づけ、周囲にもよい影響を与える

あいさつには自分のことを覚えてもらったり、会話のきっかけになったり、
関係性を深めたりする効果があります。また、気持ちのよさや若手らしい
フレッシュさが伝わることで職場によい影響を与えます。

シーンによって変わる "あいさつ"

初対面のとき

こんにちは

ビジネスシーンにおいては、まったくの初対面の相手に使うことはありません。

はじめまして

初対面のあいさつで基本的なフレーズです。「○○社の○○と申します」と謙譲語で社名と名前を続けて言います。

初めてお目にかかります。
今後とも、よろしくお願いします

「はじめまして」をより丁寧に表現する際には「初めてお目にかかります」や「初めてごあいさつ申し上げます」などのフレーズを使うと、より丁寧な表現になります。

再会まで間があいたとき

あっ、どうも

「どうも」はくだけたあいさつです。つい口をついて出がちですが、気をつけて。

お久しぶりです。
お元気そうですね

会っていなかった間も相手のことを気にかけていたことを「お元気そうですね」というフレーズで表わすとより丁寧。

ご無沙汰しております。
またお目にかかれて光栄です

再会の喜びと相手への敬意が伝わります。「ご無沙汰しておりまして、申し訳なく存じます」とお詫びの一言に変えても。

気持ちが伝わるように、声の大きさやトーン、表情などにも気を配ってね

CHECK

● 喜びやお詫びの言葉を添えるとより丁寧に。
● 謙譲語を使うことでも相手への敬意を示すことができる。

使える "あいさつ" フレーズ集

◎いちおしフレーズ

おはようございます。
今朝は冷えますね

「おはようございます」だけでは、「おはよう」と返されて会話は終わってしまいます。天気や時節の話など、返事をしやすい一言や質問を添えると、好印象を与えます。

こう使おう

おはようございます。今朝は冷えますね

おはよう、急に冷え込んだな

季節の変わり目ですし、
ご体調崩されてないですか

元気だよ。
寒くなってくるし体調管理に気をつけよう

これもいちおし！

ひと雨来そうですね

今日も蒸し暑くなりそうですね

社内編

普段よりも早く出社していた上司に

社内

おはようございます。
お早い出社ですね

 おはようございまーす。あれ、早いじゃないですか

語尾を伸ばすのは幼稚な印象を与えるため、ビジネスシーンではNG。いつもより早く出社している上司には、敬意を込めて声がけしましょう。「お早い」として丁寧な美化語に。

遅刻したとき

社内　社外

遅れてしまいまして申し訳なく存じます。
ご迷惑をおかけしました

 すみません。電車が遅れて、連絡しようと思ったんですけど、
できなくて……

遅刻の理由にかかわらず、まずは室内の全員に聞こえるように謝りましょう。遅刻の理由はその後で、関係者だけに簡潔に伝えます。

外出から帰った先輩に

社内

お帰りなさい。お疲れさまでした

 あっ、ご苦労さまです

目上の人に「ご苦労さま」は失礼にあたります。「お疲れさま」ならOK。

他社訪問編

上司に頼まれ、取引先を初めて訪れたとき

> ○○社の○○と申します。○○の申しつけで
> ○○部長に資料をお持ちしました

✕　○○社の○○と言います。○○から言われて○○部長さんに
　　資料を持ってきました

「課長」「部長」「社長」などは、それだけで敬称なので、他社の方でも「さん」は不要。
なお、「申しつかる」は「言いつかる」の謙譲語です。

前任者から引き継いだ取引先を初めて訪問したとき

> 前任の○○から貴社の担当を
> 引き継ぎましたので、ごあいさつに伺いました

✕　○○さんから担当が替わったので、ごあいさつに来ました

上司や先輩でも、自社の人には「さん」などの敬称は付けないのが鉄則。たとえ、そ
の先輩が同行して隣にいても、「来ました」は「まいりました」などの謙譲語に。

事前のアポを取って、初めて訪問したとき

> ○○社の○○と申します。本日は
> お時間を割いてくださり、ありがとうございます

✕　○○社の○○です。よろしくお願いします。さっそくですが……

自分の話を始める前に、相手が時間を取ってくれたことへの謝意を表しましょう。感
謝の気持ちが本当に伝わってこそ、営業の第一歩。

営業中の店をアポなしで初めて訪問したとき

社外

 お忙しいところ失礼いたします。今、○○の件で
少しお時間をいただけないでしょうか

✕ すみません。ちょっとお話しさせていただきたいんですが……

相手の時間をいただいているという意識を持ち、相手の都合を尊重する姿勢を見せましょう。相手の外見にかかわらず、相応の役職の人のつもりで話しかけるのが基本。

**メールや電話で事前に連絡をとっていた
取引先の担当者と初めて会うとき**

社外　かなり丁寧

○○社の○○でございます。
お目にかかるのを楽しみにしておりました

✕ ○○社の○○です。いつも、どうも……

初対面でも、すでに何度もやりとりしていたなら「いつも電話だけで失礼しております」「ようやくお目にかかれました」などの言葉を添えるのがおすすめ。

営業に出かけるとき

社内

○○社に行ってまいります。○○時頃に戻ります

 ちょっと出てきます

出かけるときには、やる気といい意味での緊張感も必要。それらを感じさせて出て行きましょう。先輩が出るときには「行ってらっしゃい」を忘れずに。

数社が集まる会議に初参加し、あいさつするとき

初めての出席で緊張しておりますが、**精一杯努めますので、ご指導のほどよろしくお願いします**

 初めて参加したのでご迷惑をおかけするかもしれませんが、
よろしくお願いします

「迷惑云々」だけですませては、後ろ向きな印象を残しかねません。「精一杯努めたい」
という前向きな姿勢を初めに見せて。

前回の仕事から時間が経ち、新しい仕事で再会したとき

お久しぶりです。○○社の○○です。その節はお世話になりました。またご一緒させていただくことになりましたので、どうぞよろしくお願いします

 ○○社の○○と申します。どうぞよろしくお願いします

「○○と申します」は初対面のときのあいさつなので、2度目以降に使うと相手は違和
感を覚えてしまいます。「覚えていないのかな？」と思われてしまうことも。

取引先と偶然、意外な場所で出くわしたとき

**○○部長。○○社の○○でございます。
思いがけないところでお会いしました**

 〈名前が思い出せない……ごまかさなきゃ〉あれ、偶然ですね。
この近くにお住まいですか？

名前を呼ぶのは好印象です。プライベートな質問は控えるほうが無難な場合も。例え
ば相手の男性に連れがいても「お嬢さんですか？」などとは尋ねないほうがベター。

来客編

入口付近で迷っている人を見かけたとき

**ご来社いただきありがとうございます。私で
よければ承りますが、どのようなご用件でしょうか**

× （「自分には関係なさそう」「私の仕事ではない」と思って、
見て見ぬふりをする）

自社を訪ねて来た人は、誰でも「お客様」。「どちらの部署をお探しですか？　よろし
ければご案内します」など、「不安を解消してあげたい」という姿勢を見せて。

アポありの訪問者を迎えたとき

**お待ちしておりました。
ご案内いたしますので、こちらへお進みください**

× いらっしゃいませ。こっちへどうぞ

社会人なら「こちら」「あちら」「そちら」「どちら」が自然に口から出てくるようにし
ておきましょう。

天気の悪い日に訪問者を迎えたとき

お足元の悪いなかを、ご足労いただき恐縮です

× すごい雨で大変でしたね

くだけた間柄なら×のフレーズでもOKですが、通常は「あいにくのお天気で」など
定形的な表現のほうが無難です。相手に対する「わざわざ来社していただいた」こと
への感謝の気持ちが大切です。

名刺交換をするとき

（名刺を渡しながら）〇〇部の〇〇と申します。
（名刺を受け取りながら）お名刺、頂戴します

✕　お名刺、頂戴いたします。〇〇部の〇〇です

「頂戴」は謙譲語なので、「いたす」という謙譲語と組み合わせるのは、実は二重敬語。「いただきます」「頂戴します」が正解。名乗るときには、「申します」と謙譲語で。

打ち合わせが終わって訪問者が帰るときに

本日はありがとうございます。
引き続き、どうぞよろしくお願いします

✕　今日はありがとうございました

「今日は」より「本日は」がきちんとした印象ですが、状況によってはかえって堅苦しいので、✕の表現でもOK。ただ、「引き続き〜」や、「今後とも〜」と添えれば、気持ちがぐんと前へ。

見送りのときに、先方の会社の人について触れる

〇〇様によろしくお伝えください

✕　〇〇様にもよろしくお伝えしてください

主語が相手なのに「お伝えする」と言ってしまうと、相手をへりくだらせていることになってしまいます。「お伝えください」が正解。

エレベーターの前まで来客を見送るとき

エレベーターまでお送りします。
（エレベーター前で）こちらで失礼いたします

 （打ち合わせした部屋の中から相手を見送り）ありがとうございました

どこまで見送るかは、状況に合わせて。相手に辞退されたら「いいえ、お見送りさせてください」「では、こちらで失礼させていただきます」などと応じましょう。

暗くなってから来客を見送るとき

遅い時間までありがとうございます。
お気をつけてお帰りください

では、また、よろしくお願いします

ビジネスの成否にかかわらず、別れる際には、帰途につく相手を気遣う気持ちを伝えたいものです。

これも知っておきたい

 あいさつは会社の上司やビジネスの相手に向けて自分をアピールしつつ相手に安心感を持ってもらう意味があります。また、あいさつをすることで、自分の気持ちを仕事に切り替えるという側面もあります。積極的にあいさつをして、気持ちよく仕事ができる環境を作りましょう。

SCENE 2 （10:00）

指示を受ける

若手のうちは、社内において指示を出すことはあまりないでしょう。
逆に指示を受けたときに上手に受け答えができれば、指示を
適切に理解し、相手の依頼に応えることができます。
指示を出す側になったとき、その経験はプラスになるはずです。

指示を受けるときの心得

● 指示は「受けたとき」が肝心。必ずメモを取り、復唱して、認識をすり合わせておく。

● わからないことは、後からでも尋ねること。わからないことがあったときに、いつ尋ねていいか聞いておくとよい。

若手社員
のキモチ＆ホンネ

キモチ

指示の内容忘れたけど、
もう一度確認するのは
気が引けるから……

忙しい上司や先輩に対してわからないことを聞き返すのは悪い、と考え遠慮してしまう。

ホンネ

いちいち確認したら、
嫌がられそう
聞きたいけど、
声をかけられない

背景

指示を受けたとき、「メモなんて取らなくても」「復唱するほどでは」と思いがちですが、取りかかると確認しておけばよかったということがあります。聞いたら評価が下がるのではと躊躇して自分で抱えこみがちになります。

Q. 上司から指示を受け、わからないことがあったときに、どのような行動を取りますか？

「働くことへの若手意識調査」（2020年4月）リ・カレント株式会社若手人材開発事業部

DATA

A.

上司に指示の理由を聞く	43.9%
上司にではなく、先輩に理由を聞き理解を深めようとする	43.6%
仕事を進めない	11.1%
その他	1.4%

0.0　　10.0　　20.0　　30.0　　40.0　　50.0 (%)

上司・先輩
のキモチ＆ホンネ

きちんと
指示を出した
のだから
大丈夫よね

自分の出した指示について何かあれば確認に来ると思っている。

ホンネ

メモを取らなくて、大丈夫？
確認されなかったけど、
大丈夫？
わからないことは、
聞いてほしい

（背景）

若手が縦の関係に慣れておらず、上司に「確認／質問する」のはハードルが高いということにあまりピンときていません。上司や先輩は、指示があった時点でお互いの認識をすり合わせ、不明点があれば、若手から聞きに来るものと思っています。

若手の声

指示を受けたときはわかったつもりだったが、やってみると思った以上にわからないことが多く手が止まってしまった。特に初めて取り組む仕事では指示を自分が正しく理解しているかの確認や、細かな手順のすり合わせを行うようにしている。（20代男性）

上司・先輩
の声

締め切り直前になっても若手から報告がなかったので、確認すると「わからない点があり、進められていない」ということがあった。気にかけてあげればよかったのかもしれないが、何かあったら自分から確認に来てほしい。（30代女性）

"指示を受ける"ときのポイント

ポイント

1 指示の内容はメモを取り、その場で復唱を

具体的な指示に対して「わかりました」と応じるだけでは、「指示内容を正確に理解したかな？」と相手は心配になります。指示を受けたらすぐにメモを取りましょう。5W3H（P.38）が基本です。そのメモを見ながら、指示を復唱しましょう。

ポイント

2 わからない点は、その場で尋ねる

自分だけの「わかったつもり」は落とし穴です。少しでもわからないことがあれば、その場で尋ねて認識をすり合わせておきましょう。作業を始めてから疑問点が浮かぶこともあるので、「わからないことがあったら、お尋ねしてよいですか」と一言伝えておくと聞きやすくなります。

③ 困ったら、すぐに相談して指示をあおぐ

上司は「指示どおり進めているかな。1人で困ってないかな」と心配しているかもしれません。忙しそうだから声をかけると悪いと気兼ねしていると、結果的に上司や先輩に大きな迷惑をかけることになります。上司や先輩が顔を上げたとき、お手洗いに立ったときなど、タイミングを見計らって声をかけます。

リモートワークでは……

チャットや書いた文章をオンラインで共有し、後から上司やメンバーに確認してもらうと認識のズレが発生しづらく、スムーズに進められるようになります。

指示を受けたときこそ、丁寧な会話を

仕事を任された側の不安と、任せた側の不安を解消するために、「内容の確認」「不明点の確認」は必須です。指示を受けたら5W3Hで整理してメモを取り、復唱して確認しましょう。

相手によって変わる "指示の受け方"

社内の相手

（無言でうなずき、
資料を受け取る）

まずは、「はい」と明るく答えます。その後、
了解した旨を相手の立場にふさわしい表現で
伝えましょう。

はい、
わかりました

どんな相手にも使える、基本的な「了解」の
伝え方です。

はい、承知いたしました

「承知しました」を謙譲語にすると、目上の人に対して使えます。

社外の相手

はい、
了解しました

お客様である取引先や目上の人からの依頼にはもう少し改まった受け答えが必要です。

はい、承りました

「承る」は、かしこまった表現なので、取引先などお客様に使うとよいでしょう。

はい、かしこまりました

「かしこまる」は漢字で書くと「畏まる」、つまり、敬う気持ちを表します。

CHECK

- 指示を受けたら、内容を確認する前に、まずは気持ちよく返事をする。
- 初めに確認、わからなければ確認、終わって確認。これが肝心。

「指示した内容＝指示された内容」をお互いに共有したいよね

使える "指示の受け方" フレーズ集

◎いちおしフレーズ

はい、わかりました。
○○でよろしい
でしょうか

指示を出した側は、相手が内容を正確に理解したかどうか知りたいと思っています。聞かれる前にこちらから5W3Hで復唱しましょう。理解の行き違いも防げます。

こう使おう

会議の資料にするから、このリストを明日までに一覧表の形にしてくれる？　できたらコピーを10部とっておいて

一覧表はエクセルで作成すれば
よろしいでしょうか

うん、よろしく頼むよ

これもいちおし！

念のため確認させてください

メモを取りますので、お待ちください

基本的な受け答え編

指示を受けたとき

（相手の目を見て）
はい、承知いたしました

 （パソコンを見たまま）はい、やっておきます

たとえ簡単な内容でも、丁寧な応対が大切です。指示を出した人に依頼を受けたことが伝わるように、了解した旨を言動で伝えましょう。

複雑な指示を受けたとき

確認いたします。
○○ということでよろしいでしょうか

 だいたい、わかりました

複雑で要素が多い指示は、指示を出した側も「正確に理解したかな？」と疑問に思うものです。必ずクローズドな質問で、確認しましょう。あいまいな返事はNGです。

急ぎの指示を受けたとき

承知しました。
○○時までに完了させます

 はい、やっておきます

上司の焦っている気持ちがわかったら、すぐに行動するだけでなく、「急ぐ気持ちを受けとめた」ことを示しましょう。焦っている上司も安心します。

応 用 編

指示とともに「いつまでにできる？」と聞かれたとき

明日の○○時までにできるよう進めます

 そう聞かれても……、明日か明後日くらいですかね

「どのくらいかかるのかわからない」という仕事をするときは、一緒に時間の見積もりを考えてもらうのもよいでしょう。また、見こみよりも遅くなるときは、遅れるとわかった時点で報告しましょう。

指示どおりにできるか、自信がないとき

はい、承りました。進めてみてわからないことがあれば、改めてお尋ねさせてください

 できるかどうかわかりませんが、とりあえずやってみます

難しそうな指示なら、素直に「自信がない」ことを表すほうがよいこともあります。精一杯やったうえで「頼る」姿勢を示しましょう。

指示の内容に疑問が湧いたとき

いくつか、お聞きしてよろしいでしょうか。それは、どのような手順で進めればよいのでしょうか

 （指示の途中で）ちょっと、すみません。
それはどういう順番でするんですか

指示がわかりにくい場合でも、最後まで聞いたうえでまとめて質問しましょう。話を途中でさえぎると、相手の集中力を削いでしまいます。

「あれ、やっといてね」とだけ言われたとき

○○の件ですね。
はい、わかりました

✕　（「○○の件かな」と思いながら）はい、わかりました

「以心伝心」「一を聞いて十を知る」部下も頼もしいものですが、指示の内容がすれ違うケースも多々あります。何の件なのか、必ず口に出して確認しましょう。

期限を聞いていないとき

はい、わかりました。**一点、確認させてください。**い
つまでに対応すればよろしいかお教えいただけますか

✕　はい、了解しました〈締め切りは言われなかったから、
　　急がなくてもいいんだろうな〉

指示の文言では5W3Hが明確になっていなくても、上司の頭の中では期限が明確になっている場合があります。特に締め切りは大切な要素なので、必ず確認しましょう。

不明瞭な指示を受けたとき

申し訳ないのですが、私の理解不足からわからない
ところがあります。**もう一度、○○の部分をご説明**
いただけないでしょうか

✕　はい、わかりました〈よくわからないけど、わかるところからやればい
　　いかな〉

指示をあいまいなまま受けとめるのはトラブルのもとです。「理解できたこと」と「理解できなかったこと」を、明確に伝えてください。

具体的ではない指示を受けたとき

さしつかえなければ、もう少し詳細を教えていただけないでしょうか。 手順や作成物のイメージを具体的に理解したいと思いまして

　はい、わかりました〈自分の感性でやればいいかな〉

具体性のない指示には要注意。勝手な解釈で進めるのはトラブルのもとです。指示の意図や目的を理解すれば、具体的に何をすればいいのかがわかることも。

前の指示と矛盾する指示を受けたとき

恐縮ですが、以前は○○と伺いました。
今、伺った内容（進め方）でよろしいでしょうか

　それは前におっしゃっていたことと違いますよね。
どっちで進めればいいんですか

不満に思っても、詰問調はNGです。指示した人自身が矛盾に気づいていないケースもあるので、まずは矛盾点を穏やかに示しましょう。感情的になってはいけません。

複数の上司や先輩から矛盾する指示を受けたとき

たいへん恐縮ですが、○○課長からは○○と申しつけられています。 いかがいたしましょうか

　でも、○○課長からは違う指示を受けているんですが

複数の人から異なる指示を受けたときには、自分だけで判断しようとせず、事態を率直に報告して、指示をあおぎましょう。

渡された指示書に矛盾点を見つけたとき

私の理解が足りていないのかもしれませんが、指示内容に齟齬があるように感じておりまして……。一緒にご確認いただけますか

 こことここが矛盾しています。
これでは、どうすればいいのかわかりません

誰にでも指示ミスはあります。指摘しないと業務に支障があるときでも、気遣いを見せましょう。非難は厳禁です。

他部署の上司から協力を指示されたとき

**かしこまりました。
念のため、上司に断ってまいります**

 はい、わかりました〈上司には、聞かれたら言えばいいな〉

多少なりとも時間を取る指示内容であれば、取りかかる前に直属の上司に伝えて、了承を得ましょう。

およそ不可能だと思える指示を受けたとき

**恐れ入りますが、現在、○○に取りかかっています。
進めることが難しく、いかがいたしましょうか**

 それは無理です。私的にはできません

無理をして始める前に、できない理由を納得できる言い方で伝えたうえで、「できない」と伝えましょう。「私的には」ではなく、「私には」と言いましょう。

期限どおりにできそうもない指示を受けたとき　（社外）

　恐縮ですが、○○の件で立てこんでおり、ご指示の
期限に間に合わせるのは難しいと思われます。
期限を○○日まで延ばしていただけないでしょうか

　今、手一杯ですから、その日までに間に合わせるのは無理です

間に合わないと判断するなら、明確な理由とともに、その旨をきちんと伝えてください。その際、「いつまでならできる」のかを具体的に伝えましょう。

作業の途中で不明点が出たとき　（社内）

　ご指示いただいた件で不明点がございます。
○○についてご教示いただけないでしょうか

　（わからないまま、とりあえず進める）

指示どおりにできているのか、不安になったときには、独断で進めず、指示した人に不明点を伝え、新たな指示を具体的にあおぎましょう。

作業の途中で混乱してしまったとき　（社内）

　申し上げにくいのですが、どうすればいいのか混乱し
ております。一緒に整理していただけないでしょうか

　（わからないまま、とにかく進める）

いざ仕事を進めてみると、どう進めればよいのかわからなくなることもあります。どの時点から、何が、どうわからなくなったのかを指示した人に率直に伝え、指示を受けましょう。

指示されたことが完了したとき

○○の件が完了いたしました。ご指示どおりに
できているかどうか、内容をご確認いただけますか

✕ 終わりました。こんな感じになりました

指示の内容にもよりますが、指示どおりにできているかどうか、上司に確認してもらいましょう。

複数の指示されたことが完了したとき

資料の修正、関係者への送付、アンケートの作成、
受付の設営、**完了**いたしました。**お気づきのことが
あればお教えください**

✕ 終わりました

指示内容が複数にわたったとき、漏れがないかどうか確認してもらうために、具体的に何と何を終えたのかも伝えましょう。

これも知っておきたい

仕事に取り組んでいると、自分の仕事の内容や成果に目が行きがちですが、指示を受けることも立派な仕事。「先回りして確認してくれる」「安心して任せられる」と指示した相手に思ってもらえるようになれば、他の仕事を任せてもらえるなど、「信頼」につながっていきます。

指示を受ける

SCENE 3 （11:30）

依頼をする

頼みごとをすれば誰かの手を煩わせることになります。
依頼の際には特に礼儀正しくありたいものです。
一方で礼儀正しく思うあまり、過剰に敬語を使いがちなシーン
でもあるので、気をつけましょう。

依頼をするときの心得

● 依頼はタイミングを見計らって。タイミングがわからない場合は、いつなら聞いてもらえるかを確認するのもよい。

● 依頼に必要なのは「どうかお願いします」という謙虚な気持ちと、具体的な依頼内容。

若手社員
のキモチ＆ホンネ

キモチ

何かを頼むって、
タイミングが
難しい……

「頼む」ことは相手に申し訳ないと思っている。声をかけるのに躊躇してしまう。

ホンネ

忙しそうだから申し訳ない
何かを頼むって、
迷惑にならないかな

背景

忙しそうな上司・先輩に依頼をすることで迷惑をかけるのではないかと考えてしまいます。怒られたり、悪い評価をされるのではないかと心配です。結果、相手が社内の人、社外の人問わず依頼するのをためらいがちになります。

Q. 社内で仕事を依頼されたとき、どう思いますか？
（20〜29歳働く男女120人・複数回答）

DATA 1

A.

仕事だから仕方がない	53.3%
頼ってくれてうれしい	50.8%
仕事を増やさないで	18.3%
他の人に頼んでほしい	16.7%
その他	1.7%

0.0　10.0　20.0　30.0　40.0　50.0　60.0（%）

上司・先輩
のキモチ＆ホンネ

キモチ

何かあれば
聞きに来る
だろう

頼られて悪い気はしない。必要なときには話しかけてくれると思っている。

ホンネ

**頼みごとがあるなら、
はっきり伝えてほしい
タイミングが悪ければ、
ちゃんと言うから**

背景

仕事を進めるのに必要であれば、相手が目上や大切な取引先でも、きちんと依頼しなければなりません。頼むタイミングと頼み方には配慮が必要ですが、若手社員でもためらわずに、声をかけてほしいと思っています。

若手の声

先輩にできるだけ丁寧に依頼をしたつもりだったが、「忙しいので急に言われてもすぐには対応できない」と言われてしまった。依頼をするタイミングも大事だが、なるべく余裕を持った依頼をするように心がけている。（20代女性）

上司・先輩
の声

若手社員から依頼のメールを送ったと言われたが、1日に100件以上メールが来ているのですぐに確認することができなかった。すべてを読んで確認、対応してあげたいが、なかなかできないというのが実情だ。（40代男性）

85

"依頼"のときの**ポイント**

① お願いを切り出すときには、まずは前置きを

依頼内容の難易度などに応じた"クッション言葉"を添えて切り出しましょう。「お忙しいときに恐縮ですが」「急なお願いで申し訳ないのですが」「ご厚意に甘えるようで気が引けるのですが」など、状況に合わせて言葉を選んでください。いきなり依頼内容を口にするより丁寧で、話しかけやすくもなります。

② 依頼内容は具体的に伝える

頼むときは5W3Hを意識して具体的に話します。Who（誰が）、Why（なぜ〔目的〕）What（何を）、When（いつ、いつまで）などを、相手が理解しやすいスピードで話します。自分のため、相手のために「あなたが一番伝えたいこと」を会話の初めに持ってくることもポイントです。

Who 誰が	Why なぜ（目的）	What 何を	When いつ、いつまで
Where どこで	How どのように	How Many いくつ	How Much いくらで

③ 断られた場合には、譲歩案を提示して

依頼を断られたら、どうしたらいいのでしょうか。状況次第ですが、「作業内容を減らす」「期限を延ばす」「自分も手伝うと申し出る」など、何らかの譲歩案を提示して、改めて依頼することも必要になるでしょう。相手の立場を尊重しながらも、どうすれば引き受けてもらえるかを考えましょう。

依
頼
を
す
る

リモートワークでは……

リアルなら「目が合ったタイミングで」話しかけられますが、複数が参加するオンライン会議などでは「目を合わせる」ことが物理的に難しいものです。個別のチャット機能や電話を利用してみましょう。そのときにも"クッション言葉"を忘れずに。

依頼は自分のためではなく、「仕事を進めるため」

「頼みごとをするのは申し訳ない」という気持ちが先立ってしまいがちです。その気持ちを忘れないことも大切ですが、「自分」のための依頼ではなく、「仕事を進める」ための依頼であれば、きちんと頼むことが重要です。

相手によって変わる "依頼"

社内の相手

ちょっと
頼みたいん
ですが……

本当に「ちょっと」の頼みごとでも、仕事の
手を止めさせるのですから、それなりの配慮
が必要です。

恐縮ですが、
お願いしたい
ことが……

「恐れ入りますが」「心苦しいのですが」「申し
訳ないのですが」などの"クッション言葉"で
切り出します。

たいへん恐縮ですが、
お力を賜りたく……

かなり上の立場の人に使います。「お手を煩わせる」「ご助力をいただく」な
ども丁寧な表現です。

社外の相手

すみません、
お願いしたいこと
がありまして……

ビジネスで「すみません」は控えたいもの。
「少々、お願いの儀がございまして」なら、か
なり丁寧です。

恐れながら、
ご相談したいことが
ございます

「お力添えいただきたい案件」「ご助力いただ
きたいこと」なども丁寧な言い方になります。

依頼をする

たいへん恐縮ですが、ご検討
いただけますとうれしく存じます

「たいへん恐縮ですが」と相手に検討を促し、「うれしく存じます」
とすることで、使いやすい丁寧な依頼ができる言葉になります。

相手が気持ちよく
引き受けられる
ような頼み方を
してね

CHECK

- 依頼は"クッション言葉"で切り出す。
- 「相手を煩わせる」という意識を忘れない。

使える "依頼" フレーズ集

◎いちおしフレーズ

○○さんにぜひ
お力をお借りしたい
のですが……

依頼をするときには、相手の都合や立場に配慮しながら、「何を」「何のために」などを具体的に説明して、押しつけない態度で頼むことが大切です。

こう使おう

A社の件で、今、少しお時間よろしいですか

何？　どうしたの？

○○の件で先輩のお力をお借りしたいです

ちょっと待ってね。5分後でもいいかな？

これもいちおし！

突然のお願いで恐縮ですが……

もし、さしつかえなければ……

日 常 的 な お 願 い 編

協力を依頼するとき

よろしければ、お力添えくださいますか

 できれば、手伝ってください

特に相手にはメリットが感じられない依頼なら、「もし、ご迷惑でなければ」という気持ちを忘れずに。「ご助力を（お力を貸して）いただけますか」などもOK。

時間を割いてもらいたいとき

恐れ入りますが、お時間を10分ほどいただいてもよろしいでしょうか

 ちょっとすみません。今、いいですか

どの程度の時間がかかるのか、それがわからなければ相手も返事に困ります。時間の見当を具体的に伝えることが、相手への配慮です。

心の片隅にとめておいてほしいとき

この件、どうかお含みおきください

 この件は、覚えておいてください

「含みおく」とは、「事情などをよく理解して心にとめておく」という意味の、洗練された表現です。こちらの事情などを記憶にとどめておいてほしいときに使います。

書類を読んでほしいと伝えるとき

ご一読いただければ幸いです

 読んでおいてください

「お目通しください」でもOKです。「ご一読いただけますと幸いでございます」になると過剰敬語です。しっかり読み込んでほしいなら「ご査読」がよいでしょう。

郵送書類を確認してほしいとき

郵送いたしましたので、ご査収ください

 届いたら必ず確認してください

「査収」とは「よく調べて受け取る」ことです。相手のチェックが必要な場合によく使われます。こちらの都合で送りつける広報物などなら「ご笑納ください」を用います。

自社に資料の送付をお願いするとき

お手数ですが、弊社の〇〇宛てにお送りください

 うちの会社の〇〇さんに送ってください

社外の人には、「うちの会社」ではなく「弊社」「当社」などと言いましょう。他社に対しては、自分の上司でも、「さん」などの敬称は付けません。

誰かに見てほしい資料を、他の人に預けるとき

こちらの資料を、
○○さんにお渡しくださいませんか

 この資料を○○さんに渡してください

「渡してください」は目下への言い方。「お渡しいただけますか（いただけないでしょうか）？」でもOKです。「この」よりも「こちらの」のほうが丁寧です。

急ぎではないものの、確認してほしいとき

お手すきの際にご確認いただければと思います

 お暇なときに確認をお願いします

×の言い方では、「暇なときなんかない！」と不興を買うのが目に見えています。本当に暇そうであったとしても、不快に思わせてしまうことがあります。

打ち合わせなどへの参加をお願いするとき

ご参加（ご同席）くださいますか

 ご参加（ご同席）してもらえますか

「ご参加（ご同席）する」は敬語の誤りです。「ご参加いただけますか（いただけないでしょうか）」「ご参加くださいますようお願いしたく……」ならOKです。

仕事の発注をお願いするとき 社外

弊社のサービスがお役に立てるようであれば、いつでもお声がけください

 我が社のサービスが必要なときには、いつでもご連絡してください。お待ちしています

「ご連絡ください」ならOKですが、「ご連絡する」は謙譲語なので、相手が主語なら使えません。「ご用命（ご指名、お申しつけ）ください」でもよいでしょう。

特定の人を紹介してもらいたいとき 社外

折り入ってのお願いですが、○○様にお引き合わせいただくことは可能でしょうか

 お願いがあるのですが、○○様を紹介してもらえませんか

人の紹介にはリスクも伴うので、できるだけ丁寧に。「お引き合わせ願えませんか」「ご紹介いただけないでしょうか」もよいでしょう。

来社を依頼するとき 社外

弊社までご足労をお願いできますか

 うちの会社まで来てください

「来てください」では幼稚な印象です。「ご足労をおかけすることになりますが」「ご来訪くだされば」「足をお運びいただければ」などでもOKです。

かなりのピンチのとき編

相手の都合を考慮しにくい状況のとき

勝手なお願いで恥じ入るばかりですが……

 こっちの問題なんですが……

「こちらの問題」＝「相手には関係ない」のですから、心苦しく思っていることをまずは伝えましょう。「身勝手なお願いとは重々承知しておりますが」などもOK。

やむにやまれぬ事情のとき

ご厚情に甘えるばかりで誠に心苦しいのですが、なにとぞ内情をお汲み取りいただき……

 こちらの事情はご理解いただけると思います。
なにとぞ、よろしくお願い申し上げます

×のフレーズは押しつけがましすぎます。「汲み取る」は、相手を理解すること。「事情をお察しいただき」「実情をご賢察くださり」などとも言い換えられます。

相手が難色を示しているとき

おっしゃることはごもっともですが、なんとかご相談できないでしょうか

 無理だとは思いますが、なんとかお聞き入れになってくださらないでしょうか？

まずは、「言い分は当然」と理解を示したうえで、「それでも……」と食い下がりましょう。

依頼をする

強くお願いをするとき

厚かましいお願いではございますが、
本件につきましてはなにとぞご高配たまわりたく、
切にお願い申し上げます

　図々しいとは思いますが、なんとかお願いします

「切に願う」とは、心の底から強く願うこと。「ご高配」は、相手の配慮を敬って言う
言葉です。どちらも、少し格式ばった表現になります。

上司にアドバイスをしてもらいたいとき

本当に難航しております。
恐縮ですが、どうかお知恵をお貸しください

　大ピンチです。どうしたらいいのか教えてください

「お知恵を拝借できないでしょうか（拝借願えませんでしょうか）」なら、より丁寧に。
「ご助言をいただきたい」「ご教授いただきたい」などでもOKです。

仲裁をお願いするとき

ぜひともお取りなしをお願いします

　ぜひ、間に立っていただけませんか

仲裁役は面倒な役回りですから、丁寧に頼みましょう。「お取りなしのほどを、よろし
くお願い申し上げます」なら、かなり丁寧です。

困難なお願いをするとき

社外

不躾なお願いですが、
ご一考いただけないでしょうか

本当に悪いとは思っているのですが、ぜひ、なんとかお願いできればと

「ご一考」は、一度考えてみること。お願いを押しつけるのではなく、考えてみてください と伝えます。「ご検討」でも構いません。

締め切りを延ばしてほしいとき

社外　かなり丁寧

このようなお願いは忍びないのですが、
ご猶予いただくわけにはまいりませんか

難しいかもしれませんが、なんとか延ばしてもらえないでしょうか

よくある依頼。この後、「その代わり、間違いなく検品したものをお納めいたします」 「今回だけです」などの譲歩条件を示せればよいでしょう。

依頼をする

これも知っておきたい

仕事は相互に依頼し合い、チームとして進めて いきます。若手社員のうちは自分が依頼するこ とのほうが多いでしょうが、自分がどのように 依頼されたら気持ちよく協力できるかという観 点も大切に、相手から頼られる存在になれるよ うに信頼を積み重ねていきましょう。

催促・指摘をする

「遅れている作業の催促をする」「ミスを指摘する」などという行為は、
相手の心証を損ねたくないだけに憂鬱なものです。だからこそ、
相手を非難する表現にならないように注意しましょう。同じ内容でも、
遠回しな表現など相手の負担を軽くする言葉を探します。

催促・指摘をするときの心得

- 必要なことを過不足なく伝えるために、事実を丁寧かつ真摯に伝えるのがコツ。
- 「もしかしたら自分の勘違いかもしれない」「確認違いかもしれない」などの伝え方をすると、相手も受け取りやすいもの。

若手社員
のキモチ＆ホンネ

キモチ

忙しそうだから
気をつかってメールに
したのに、なんで
反応ないのかなぁ

口頭では催促しにくいからメ
ールにしたのに、見てくれて
いない様子に困惑。

ホンネ

催促がましいことは
なかなか言えない
ちゃんとメールで
書いたのに……

背景

上司や他部署の人に向かって、催
促したりミスを指摘したりするのは、
気が引けるものですが、伝えない
わけにはいきません。対面や電話
よりメールのほうが気が楽だし、何
より形に残るので相手にとっても親
切なはずだと思っています。

Q. 催促するときの手段は何ですか？
（20〜29歳働く男女120人・複数回答）

A.

DATA

直接言う	60.0%
メールを送る	46.7%
電話をする	41.7%
メールを送り、電話をする	21.7%
人づてに伝わるようにする	11.7%
催促しないで待つ	10.8%

0.0　10.0　20.0　30.0　40.0　50.0　60.0（%）

上司・先輩
のキモチ＆ホンネ

キモチ

メールを送っただけだと見落としてしまうこともあるのよ〜

メールは見落とすこともある。読んでいないようなら、口頭でも併せて伝えてほしい。

ホンネ

申し訳ないけどメールだと気づかないこともある
近くにいるんだから、口頭でも言ってよ

背景

メールだけで用件を伝えるのではなく「口頭でも伝えて」と思っています。ただし、上司や先輩も人間なので忘れてしまうこともあります。メールでも口頭でも、「伝えたつもり」ではなく、相手から反応をもらうまで伝えきりましょう。

若手の声

悪気はなかったが先輩のミスを指摘したら伝え方がよくなかったのか、怒らせてしまったことが。言ってしまったことは訂正できたとしても受け手の記憶には残るため、伝える前に言うべきことを紙に書くようにしている。（20代男性）

上司・先輩の声

仕事の納期前日に「あの件について……」と若手社員から催促されたが、その日は終日対応が難しかった。予定が詰まっていることはWEBカレンダーでわかるはず、どうしてこのタイミングで……と感じた。（30代男性）

催促・指摘をする

"催促・指摘" の ポイント

ポイント
① 言いにくいことこそ、伝わりやすい手段で

メラビアンの法則（P.22）でもわかることですが、「伝わりやすさ」は、口頭（視覚・聴覚・言語）、電話（聴覚・言語）、メール（言語）の順で、低くなります。メールはテキストで残せるメリットもありますが、早く伝え、印象を強く残したければ、まず口頭で伝えるほうがいいでしょう。

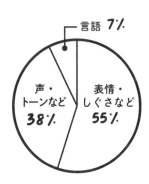

言語 7%

声・トーンなど 38%

表情・しぐさなど 55%

ポイント
② 「伝えた」＝「伝わった」とは限らない

「メールを送った」「口で言った」からといって、相手に「伝わった」とは限りません。ときとしてメールは見落とされ、口頭では忘れられることがあります。催促や指摘を早く、正確に伝えるためにしっかり伝わったかどうか確認します。

③ 相手の立場に立ってみる

催促や指摘をされた側は、自分を否定されたように感じるかもしれません。そうならないよう、相手の感情に配慮しながら伝えてください。「自分が言われたら」と想像しましょう。なぜ、そんな事態になったのか、相手の立場に立ってみれば、適切な表現を見つけられるものです。

リモートワークでは……

催促や指摘をしたことを受け入れてもらっても正しく伝わっていなければ二度手間が発生してしまいます。念のため、修正してほしいことや対応の依頼といった用件をチャットで送るなどして確認してもらい、認識をすり合わせましょう。

催促や指摘の表現で、社会人力を問われる

最も大切なのは、仕事に必要な結果を得られるように、早く、正確に伝えたうえで、理解してもらえたかどうかを最後に確認することです。それを念頭に置きつつ、悪い印象を与えずに伝える工夫をしましょう。

相手によって変わる"催促・指摘"

締め切りを
忘れている相手に

期日は守って
くださいね

「締め切りは守るべきもの」だということは、
誰でもわかっています。

期日をご確認
いただきたい
のですが

「自分も勘違いをしているかもしれない」と、
半歩下がった表現をすることで、相手に締め
切りについて気づいてもらえます。

○○日までにいただけるとのこと
でしたが、進捗いかがでしょうか。
何か必要な資料がありましたら
お申しつけください

「忘れていますよ」と直接的な表現で指摘するのではなく、確認と質問という
姿勢でリマインドします。

ミスをした相手に

そちらのミス
ですよね？

相手を責めて、追いつめるのは、大人げない態度。これから先の仕事にも支障をきたしかねません。

こちらの認識と齟齬が
あるようなので一緒に
ご確認いただけますか

たとえ相手のミスであってもストレートに伝えないこと。ここでは「齟齬（行き違い）」や「〜ようです」として、断定を避けましょう。

私の聞き間違いかもしれませんので、
再度ご確認いただけますか

「自分がミスをしたかどうかの確認をしたい」という雰囲気を作りながら、相手に「確認」をお願いしましょう。問いかけの表現にすると、さらにやわらかい印象になります。

CHECK

- 言いにくいことほど、素早く、冷静に、正確に伝えること。
- 相手の立場に配慮し、相手の負担を軽くする言い方を心がける。

言いにくいのは
誰でも同じ！

使える "催促・指摘" フレーズ集

◎いちおしフレーズ

ご多用中のお願いとなり恐縮ですが

どんなケースでも、相手の心理的な負担を減らす一言から始めましょう。冷静に、それでいて温かい気持ちを抱いて、自分の事情を明確に伝えてください。

こう使おう

ご多用中のお願いとなり恐縮ですが

え？　どうしたの？

先日、ご依頼した件について○○日までにご確認をいただけないでしょうか

これもいちおし！

たいへん申し上げにくいのですが……

私の記憶違いだったらお許しいただきたいのですが……

催促編

期限が守られていないとき

> ○○日までにご準備いただけるとのことでしたが、
> ○○の件、進捗はいかがでしょうか

✕ 約束の期限が過ぎていて、こちらも困っています。
これ以上は待てないんですけど

「これ以上は待てない」状況でも、イライラしている気持ちをぶつけてはいけません。
毅然と言うことは必要ですが、あくまでも穏やかに伝えましょう。

注文品が届かないとき

> 到着するはずの○○がまだ届いていないのですが、
> 至急、お調べいただけますでしょうか

✕ 昨日来るはずだった○○が、まだ来ていません。
どうなっているんですか

行き違いの可能性もあるので、あくまでも「調べてほしい」と礼儀正しく頼みましょ
う。詰問するような調子は厳禁です。

締め切り日を忘れていそうな相手に

> お返事をいただくのは、
> 本日でよろしいでしょうか

 お返事の締め切り今日なんですが、忘れていませんよね

締め切り日を先方が忘れていそうでも、「お忘れですよ」と言うと、先方に恥をかかせ
ます。「本日でお間違いないでしょうか」と尋ねれば、思い出してもらえます。

上司が下すべき判断をしてくれないとき

 社内

○○の件、AにするかBにするかの**ご判断を
いただきたいのですが、いかがでしょうか**

 ○○の件、AにするかBにするか、お決めになりましたか

×の表現の「お決めになりましたか?」は正しい敬語ですが、この場面ではNGです。
使うなら、「決めてくださいますか?」と頼みましょう。

相手の決定が延びているとき

 社外

○○の件、ご連絡いただいておりませんが、
ご進捗いかがでしょうか。たいへん恐縮ですが、
明日までにご連絡いただけますか

 ○○の件なんですが、早く決めていただかないと、こちらもすごく困る
んです。お願いします

「お忙しいこととは思いますが」「立て込んでいるとは存じますが」「ご事情はお察しし
ますが」などと相手の状況も気遣ったうえで、期日を示して催促しましょう。

相手が手一杯だとわかったとき

 社外

お手間をおかけしますが、**現状のものを
ご共有いただけないでしょうか**

 まだ全部できていないのでしたら、できた分だけ先にください

こちらも相手の状況を理解したうえでできている分までとお願いすると、心証が段違
いです。相手に耳が痛い用件こそ、賢く伝えましょう。

こちらも切羽詰まっているとき

社外

こちらの都合で恐縮ですが、明日○時までにお返事をいただけない場合、納品日に間に合わない可能性があり、ご連絡しました

✕ こちらも本当に困っているんです。
なんとかお約束を守っていただけないでしょうか

「困っています」と言うよりも、「苦慮して」「困惑して」など、社会人らしい表現を使いましょう。「こちらの都合」と強調すれば、先方はイヤな気持になりません。

譲歩しつつ、入金を督促するとき

社外

ご事情を踏まえ、検討いたしました。恐れ入りますが、一部でもお振り込みいただけますか

✕ どうしても無理だと言うので、こちらも譲歩します。
今月中に振り込むのは、半金だけでいいですから

×のフレーズのように、恩着せがましい、上から目線の催促は、相手を卑屈にさせます。大きな譲歩だとしても、できるだけフラットな表現にしましょう。

貸したものを返してほしいとき

社内 かなり丁寧

先日お渡しした参考書籍は
お役に立ちましたでしょうか

✕ 前にお貸しした参考書籍を返してほしいんですけど

「返して」と直接的に言われると、たとえ忘れていたとしてもムッとされる可能性が高いでしょう。「役に立ったか」と問う表現でも、間接的に要望は伝わります。

催促・指摘をする

指摘編

書類に上司の誤植を見つけたとき

私の思い違いなら申し訳ないです。ここにAと
記されていますが、こちらの内容はBのことでしょ
うか。今一度、ご確認をお願いします

この書類のここですが、Aとなっています。
これは、Bの間違いではないでしょうか

「間違い」だと断定されると、上司としては立つ瀬がありません。確認をお願いする形
にすれば、上司の面子も立ちます。「自分の間違いかも」という含みも大切です。

取引先のミスを見つけたとき

少々申し上げにくいのですが、AがBになっている
ようです。お手数ですが、ご確認いただけますか

AがBになっています。至急、ご対応をお願いします

対応を急かすのではなく、まず「確認」をしてもらいましょう。相手にもミスを認識
してもらったうえで「できるだけ早いご対応を…」と依頼をしましょう。

契約書に相手の誤植を見つけたとき

契約書について、Aとございますが、正しくはBか
と存じます。お手数をおかけしますが……

契約書ですが、1カ所、間違っていました。
Aではなく、Bです。修正をお願いします

たとえ誤りでもストレートに「間違っていた」と指摘するのは避けましょう。また、修
正の必要は相手もわかるので、念押しは不要です。

結果的に上司の判断ミスが判明したとき

> ご指示いただいた件ですが、**現状作業が止まっております**。お忙しいところ恐縮ですが、再度ご判断いただけますか

 課長の指示で、こういう事態になっています。どうしたらいいんですか

上司にも判断ミスは当然あります。早急に現状を報告し、判断をあおぎましょう。

来るはずのメールが来ないとき

> メールが届いていないようです。**通信トラブルかもしれませんが、ご確認いただけますか**

 まだメールが来ていません。どうなっていますか

「通信トラブルの可能性」「行き違い」などの言い方で、「責任はそちらにはない可能性がある」という謙虚な気持ちも伝えましょう。印象が和らぎます。

取引先の矛盾に気づいたとき

> Aを先にと伺っていたと思うのですが、
> Bが先、ということでよろしいでしょうか

 先週のメールにはAから始めると書いてありました。
矛盾してますよね

矛盾点を衝いても、相手が不快になるだけ。どちらが正しいかではなく、どう仕事を進めるかが大切なのです。

催促・指摘をする

催促・指摘を受けた側編

催促されるまで気づいていなかったとき

失礼いたしました。失念しておりました。
お手を煩わせてしまい、深くお詫び申し上げます

 あ、忘れていました。そうでしたよね

催促する側は、すでにイライラしているかもしれません。×の言い方では先方の気持ちを逆なでして、火に油を注ぐことになるでしょう。

遅れ気味の仕事について、催促されたとき

お待たせしてしまい、誠に申し訳なく存じます。
鋭意作業を進めております。
一両日中にはご提供します

 すみません。たぶん、明日か明後日ぐらいにはできると思います

すでに待たせているのであれば、お詫びは丁寧に。いつまでにできるのか、見通しを具体的に伝えましょう。「鋭意」は集中して真剣に取り組んでいることです。

ミスを指摘され、調べるように促されたとき

確認したところ、ご指摘のとおりでした。
ご迷惑をおかけして誠に申し訳なく存じます

 ○○さんの言うとおりでした。すみません

「言うとおり」は尊敬語ではないのでNG。「言われるとおり」「おっしゃるとおり」ならOKですが、かなり上の立場の方なら「仰せのとおり」でもいいでしょう。

催促や指摘をした後で①

社外

○ **一緒によいものにしていきたいと思いますので、
引き続きよろしくお願いします**

✕ 今後は気をつけてくださいね

催促や指摘を受けた側は、少なからず傷ついているものです。厳しい催促や指摘をした後は、やわらかい言葉を添えて、一緒にやっていきたい旨を伝えましょう。

催促や指摘をした後で②

社外

○ **私どもでもお役立ちできることがありましたら、
ぜひともご連絡ください**

✕ なんとか頼みます

催促や指摘をせざるをえなくなった相手の状況を気遣って話を終えてください。

催促・指摘をする

これも知っておきたい

本来ミスや漏れがなければ催促・指摘は必要ないものです。ですが、自分がミスをしてしまうように相手も同様で避けられないものです。相手の至らない点を催促・指摘するのではなく、相互に確認し、助け合いながら仕事を進めていることを意識しましょう。

SCENE 5 〔14:00〕

意見を言う

「賛成意見」「反対意見」「独自の意見」のいずれの場合も、大切なのは
主旨が明確に伝わることです。そのためには、「伝え方」「伝える順序」
などがポイントになります。もちろん自分が意見を言う前に、
相手の意見を謙虚に聞く姿勢も必要です。

意見を言うときの心得

● 明確に伝えるためには、結論から始め、結論で終わることが原則（P.25 PREP法参照）。

● 反対意見のときには、相手の立場になって、できるだけやわらかい言葉選びを。

若手社員
のキモチ&ホンネ

思い切って
発言したのに
言わなきゃ
よかった？

勇気を出して自分なりの意見を言ったのに、責められたように感じて深く傷ついている。

ホンネ

勇気を出して言ったのに
自分自身を否定された
ような気が……
もう発言するのはやめて
おこうかな……

背景

そもそも、上司や先輩が並ぶなかで発言するのは勇気がいります。経験も知見も足りない自分の意見なんて、大したことがないと思っているからです。発言した内容に質問されると、「自分自身が否定」されているように感じます。

Q. 次のことは得意ですか、苦手ですか？

（20～29歳働く男女120人・複数回答）

A.

DATA

	得意	どちらかといえば得意	どちらともいえない	どちらかといえば苦手	苦手
大勢の前で話す	7.5%	20.0%	19.2%	29.2%	24.2%
電話で話す	7.5%	23.3%	27.5%	25.8%	15.8%
初対面の人と一対一で話す	11.7%	22.5%	32.5%	17.5%	15.8%
オンライン会議で話す	5.8%	18.3%	33.3%	27.5%	15.0%
メールでやりとりする	11.7%	36.7%	32.5%	12.5%	6.7%
SNSでやりとりする	14.2%	40.0%	29.2%	10.8%	5.8%

上司・先輩

のキモチ＆ホンネ

キモチ

要領を得ないから、
指摘した
だけなのに……

「わかりやすく述べてほしい」
と伝えたかっただけなのに、傷
ついた様子に驚いている。

ホンネ

意見を言ってくれて
うれしい
要領よく述べてほしい
指摘や反論は前向きに
受けとめてほしい

背景

若手の意見は、内容も伝え方も不
十分で当たり前です。意見の不備
を指摘するのは、仕事のためでも
ありますが、本人のためでもある
のです。それを「個人攻撃」「人格
批判」のように受け取られるのは、
上司としても残念なことです。

若手の声

意見を求められ、自分なりの意見を伝えると「ちょっと違うんだよ
なあ」と言われてしまうことが多く……。でも、仕事の全体像や上
司・先輩の意図がわかるようになるにつれ、少しずつ伝えたいこと
を伝えられるようになってきた。（20代女性）

上司・先輩
の声

発言の内容がわからなかったので意味や目的を聞いただけなのに、若
手社員からは「すみません」とだけしか返答がなく驚いた。責めた
つもりはなく、一緒に仕事をしていくためにも議論や会話ができれ
ばよいなと……。（40代女性）

"意見を言う"ときのポイント

ポイント
① 意見を言うことをためらわない

仕事を進める「主体」として、自分の「意見を言う」ことは「ビジネスコミュニケーション」の基本です。若手のうちは、未熟だったり、精度が低かったりしても当然。まずは意見を言うことに慣れ、反省と挑戦を繰り返していれば、だんだんコツがわかってきます。

1. 意見を言う

2. 反省する

3. 挑戦する

ポイント
② 意見は、結論から言う

[結論 → 理由 → 具体例 → 結論]（PREP法）の順で話すのが原則です。何を話したいのか、賛成なのか反対なのか、結論を最初と最後に言うことで、趣旨が明確に伝わります。どんな意見でも、結論は簡潔・明瞭を心がけること。特に数字やデータは正確に伝えましょう。

③ 「事実」「意見」は区別する

発言する際には、「確認されている
事実」と「自分の意見や推論」を
はっきり区別し、「事実」と「意見」
がわかるように伝えましょう。結論
に至る理由として、経緯・事実・伝
聞・推測・予想・意見が混在して
いると、言いたいことが不明瞭にな
るばかりか、場合によっては誤った
内容として伝わってしまいます。

リモートワークでは……

大勢が参加する会議では発言が被りがちなので、意
見を述べる前に「発言してもよろしいでしょう
か？」と前置きしながら挙手をするなど発言の意
思を示しましょう。意見を言い終えたら「以上で
す」と言うのが基本です。雑音を入れないよう、発
言しないときにはミュートにしましょう。

発言をした分だけ社会人は伸びていく

「正確に伝えるには？」「わかりやすく聞こえるには？」を意識すること。率
直に述べながら、聞き手の印象を想像することも大切です。あなたの意見
への異論・反論は仕事のためと受けとめて成長の糧にしましょう。

意見を言う

シーンによって変わる "意見の言い方"

意見を求められて
　いない場面で

あの、私はこう
思うんですけど
……

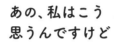

状況にもよりますが、場の流れによっては、い
きなり切り出されるのはいい気がしません。

すみませんが、
○○について
一点よろしい
でしょうか

「意見を言いたい」と意思表示をして、相手が
了解した様子を確認してから、本題に入ると
好印象です。

恐れ入りますが私の意見を
申し上げてもよろしいでしょうか

意見を言われると思っていなかった相手から急に切り出されると、ドキッと
します。丁寧に、「これから意見を述べたい」という旨を伝えましょう。

言い過ぎをたしなめられて

**言い過ぎだったら
すみません**

「言い過ぎだったら」では、内心では「『言い過ぎじゃない』と思っているんだな」と受け取られてしまいます。

**言い過ぎました。
たいへん
失礼いたしました**

つい言い過ぎてしまうこともあるかもしれません。自分の感情に任せて突っ走ったと思ったら、素直に反省の弁を述べましょう。

**つい言葉が過ぎてしまい、
お恥ずかしい限りです**

なぜ言い過ぎたのかも含めて、丁寧なお詫びをすれば好印象。相手の心証を損ねた後でリカバリーに成功すれば、むしろ関係は良好になります。

CHECK

- 自分の意見は積極的に述べ、
  相手の意見には謙虚に耳を傾ける。
- 自分の意見は的確に伝え、相手の意見は
  傾聴して正確に理解する。

意見の交換は、
ビジネスでは必須の
コミュニケーション

意見を言う

使える"意見の言い方"フレーズ集

◎いちおしフレーズ

> A案がよいと思います。
> B案も魅力的ですが……

自分の意見は明快に述べることが大切ですが、賛成・反対、二者択一を表明するときには、「しかし」ではなく「そして」を使いましょう。逆の意見の持ち主にも敬意を払うことが大切です。

こう使おう

私はA案がよいと思います。
B案も魅力的ですが、
A案のほうが訴求力があると思います

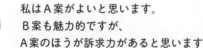

私もA案に賛成です。
場所をとらないというメリットもあるかと。
ただし、コストの課題は残ると思います

これもいちおし！

おっしゃることはよくわかります。あわせて……

もう一度意見を述べても
よろしいでしょうか

どちらの案がよいか上司に伝える

社内

A案がよいと思います。○○の点で優れていて
B案よりもニーズに応えられていると思います

✕ A案ですね。総合的・俯瞰的に見て

意見の根拠になる理由は、抽象的な表現を避け、できるだけ具体的に述べましょう。

会議でアイディアを出す

社内 社外

○○をテーマにするのはどうでしょうか。○○が
期待できると思います。ただ、その場合には……

✕ ○○とかの効果も期待できるので、例えば○○とかをテーマにするのも
いいんじゃないかと思うんですが、その場合には……

何をしたいのか、それはなぜなのか、要点をクリアに話しましょう。「とか」「なんか」
の連発はNGです。焦点がボヤけて伝わりづらくなります。

取引先から示された仕様書に意見を述べる

社外

仕様書、拝見しました。概ねよいと思いますが
いくつかご検討いただきたいところがございます

✕ 仕様書、拝見させていただきました。だいたいいいと思いましたが、少
し直してもらっていいですか

「拝見」は謙譲語なので、「拝見させていただく」は過剰敬語。「読ませていただきまし
た」ならOK。「概ね」は「だいたい」よりも改まった印象です。

意見を言う

賛同・賛成編

会議で先輩が出した企画案に、全面的に賛成する　（社内）

すばらしい企画案だと思います。
非常に勉強になります

 〈いいと思うけど、わざわざ言うと目立つから、ただニコニコしてうなずいておこう〉

自分の案を自信満々で出した先輩でも、反応がなければ不安になります。反対意見は言いにくいかもしれませんが、賛成意見は堂々と伝えてください。

「反対の人はいませんか？」と聞かれて　（社内）

おっしゃるとおりです。**異存ございません**

 おっしゃられるとおりです。文句などございません

強く賛意を表したいときには、「ごもっとも」などの言葉も効果的。「おっしゃられるとおり」は敬語の間違いです。「おっしゃるとおり」「仰せのとおり」ならOKです。

新規の取引先について、上司から意見を求められて　（社内）

よいお話をいただけてうれしいですね。
このご縁を大切にしましょう

 いい話じゃないですか。いいコネになると思いますよ

上司などの目上の人には特に品格のある言葉遣いをしたいもの。「コネ」など自分たちの利益だけでなく、「ご縁」のような言葉を使うとよいでしょう。

はっきり反対意見を述べたいとき

**お言葉を返すようで申し訳ないのですが、
どうも予算に無理があるように思えます**

 私は反対です。その予算では破綻します

「予算に無理があります」と言い切ると、キツイ印象です。最初にクッション言葉を入れれば、相手の反感は和らぎます。

相手の立場に歩み寄ったうえで、反対する

 社内

私も○○さんの立場なら、同じように感じると思います。しかしながら、○○さんのような方はまだ少ないかもしれません

 ○○さんのように感じる人もいるかもしれませんが、それは少数派ですよ

相手の立場、事情、感性などを察し、そこに理解を示したうえで、反対意見を述べます。「わかってもらっている」と思えれば、それで納得してくれる人もいます。

相手の意見も認めたうえで、反対する

社内

**○○さんのご意見も一理あると思いますが、
重要なポイントはこちらではないでしょうか**

 重要なポイントはそちらではないと思います

反対意見を言う前に、まずは相手の意見の中で「認められる部分」を評価します。×のフレーズのように頭から否定するのは慎みましょう。

意見を言う

応用編

会議で複数のことを一度に述べる

（社内）

私が申し上げたいことは3つです。1つ目、まず事前の同意を得て混乱を防ぐこと。2つ目、そのうえで……

 このままでは混乱しそうなので、まず事前の同意を得て、あと……

意見は、わかりやすく伝えることが何よりも大切です。そのためには、総論と各論は区別する、要点を簡潔に話すなどの工夫が必要です。

意見を求められていない場面で、意見を言う

（社内）（かなり丁寧）

申し上げたいことがあるのですが、今、少しお時間をいただいてもよろしいでしょうか

 ちょっと聞いてくださいますか。実はちょっと考えているんですけど……

ぜひ伝えたい意見でも、相手が求めていないときには「申し上げたいことがあるのですが、お時間をいただけますか」などと断ったうえで、端的に話します。

多部署が集まったプロジェクトで意見を言う

（社内）

営業部としての立場から、いくつか問題提起をしたいのですが……

 営業の視点から見ると、問題点だらけの案ですね

他部署の人がたとえ同格だったとしても、失礼な物言いはすべきではありません。他部署の視点や事情はまた違うことを念頭に置いて、敬意を払いましょう。

別の角度から意見を言うとき

○ **1つ、お話ししてもよろしいでしょうか。
別の観点から、ご提案があるのですが……**

 あのう、ちょっといいでしょうか

流れとは違う発言をするのは勇気がいることかもしれませんが、謙虚な姿勢を示しつつ、はっきりした口調で述べましょう。

他の人の意見に補足が必要だと思ったとき

○ **余計なことかもしれませんが、○○さんのご意見に
少し付け加えさせてください**

 今の○○さんのご意見ですが、少し補足させてください

先輩の意見を補う必要があると思ったとき、「僭越かもしれませんが」「念のための補足ですが」など、先輩の顔をつぶさないような配慮をしましょう。

大雑把すぎる意見に反対する

○ **大筋ではそのとおりかもしれませんが、
より細かい内容を詰める必要があると思います**

✕ いやいや、大雑把すぎるでしょう。ちゃんと詰めていけば、実際にはできないとわかりますよ

どんな欠点でも、印象を和らげる表現に変えられます。本音では「大雑把」と言いたくても、やわらかい表現に変えてみましょう。

意見を言う

127

意見がない・意見を変える編

とくに意見がないとき

社内

どちらでも問題ありません

 どっちでもいいです

「どっち」では幼稚な印象になってしまいます。どちらでもよい旨を伝えた後、相手の判断に委ねたいという一言を添えると好印象な場合もあります。

まだ考えている最中に会議で意見を求められて

社内

申し訳ないのですが、まだ考えがまとまっておりません。少々お時間をいただけますか

 え？　あ、まだ、ちょっと……。（小声で）すみません

会議で指名されたときには、特に発言できることがなくても、言葉を濁すのではなく、「特にございません」などとはっきり伝えてください。

理解が十分でない問題について意見を言う

社内 社外

まだ理解が追いついていないところがありまして、質問してもよろしいでしょうか

 まだ、ちょっと、よくわからなくて……

意見を求められたとき、問題の理解不足が原因で発言できないのであれば、率直に尋ねましょう。わからないまま会議の席に座っているのは周囲にも失礼です。

自分の意見を変えるとき

 社内 社外

○ **おっしゃるとおりです。その問題点には気づきませ んでした。**先ほどはＡ案のほうに挙手しましたが、 Ｂ案に変更させてください

✕ 〈なるほど、そう聞くとＢ案のほうがいいと思うなあ。でも変更すると目 立つから、黙っていよう〉

お互いに意見を言い合うのは、議論を通してよりよい方法を探るため。自分の主張の 誤りに気づいたら、勇気を出して「変えます」と伝えてください。

異なる意見の取引先に歩み寄る

 社外 かなり丁寧

○ ご説明を伺い、御社の意図を理解いたしました。 弊社としても再検討する必要がございますので、 **持ち帰ってもよろしいでしょうか**

✕ そこまで言われるのであれば、譲歩しないでもありません。社に戻って 上司に確認します

こちらが譲歩するほうが賢明な場合もあります。譲歩した方がよいと判断したら、妥 協してでも歩み寄りましょう。

これも知っておきたい

相手と自分の立場や状況が違うと意見が伝わり にくいことがあります。冒頭に観点や目的を伝 えておくと、理解してもらいやすくなります。ま た、わからないことに関して意見を求められた ら、「勉強不足で恐縮なのですが……」などのフ レーズを活用してみましょう。

意見を言う

断る

どんな状況でも、"断る"行為は気が引けるものです。しかし、きちんと断るべきときに断らなければ、状況が悪化したり、意図しない結果を招くこともあります。相手の気分を害さず、断らざるをえない理由を納得してもらい、上手に断れるようになりましょう。

断るときの心得

● 遠回しな表現になりがちだが、断る際には端的に伝えることが大切。

● 単に断るのではなく、譲歩が可能なことを提示できれば、相手の心証も和らぐ。

若手社員
のキモチ&ホンネ

キモチ

忙しいときに言われても、対応が難しい

「先輩の役に立ちたい」という気持ちはあるものの、状況を察してほしいと思っている。

ホンネ

急に頼まれても……
断ったら申し訳ないな
できるかできないか、
わからないよ

背景

大量の仕事を抱えていたり、経験のないことを頼まれたりすると、「できるかどうか」不安なものです。断るほうがよさそうだと考える一方で、「期待に応えたい」という気持ちもあり、どうしたらいいのか困惑しています。

Q. 次のような依頼を受けたとき断りますか、引き受けますか？（20〜29歳働く男女120人・複数回答）

A.

DATA

	断る	できたら断りたい	できるだけ引き受ける	わからない／引き受ける
急な残業	8.3%	33.3%	44.2%	13.3% / 0.8%
休日出勤	13.3%	40.8%	33.3%	11.7% / 0.8%
多忙なときの割り込み仕事	12.5%	39.2%	39.2%	7.5% / 1.7%
やったことのない仕事	5.8%	38.3%	37.5%	17.5% / 0.8%
上司からの急な飲みの誘い	16.7%	31.7%	30.8%	18.3% / 2.5%

上司・先輩
のキモチ＆ホンネ

キモチ

無理なら無理と
言ってくれたら
いいのに……

忙しいのはわかったうえでのこと。できるかできないか、はっきり言ってほしいと思っている。

ホンネ

できるかできないか、理由を含めて教えてほしい
「これならできる」と
状況を教えてほしい

背景

若手がどの程度忙しいのか、いつ手が空くのか、先輩でもわからないことは多いものです。無理ならできない理由と今の仕事の状況を伝えてもらったほうが助かります。もちろん、断る際の言葉選びには配慮が必要です。

若手の声

上司からの仕事の依頼を断った際に「今回は他の人に頼むけど、忙しいのはみんな一緒なので少しはチームの一員として協力してほしかった」と言われた。上手に伝えることができず断り方の難しさを感じた。（20代男性）

上司・先輩
の声

「忙しいので難しい」と断られたが、一緒に業務整理をしてみたところ、それほどの忙しさでは……。やったことがなかったり慣れてなかったりするかもしれないが、もう少し頑張ってもらわないと仕事も頼みにくい。（30代男性）

"断る"ときの**ポイント**

ポイント
① 断る理由を伝え、できれば代案を出す

断られた側も、妥当な理由があれば納得します。なぜ引き受けられないかを、誠意を持って要領よく伝えましょう。自分でもできるかどうかわからず、断るべきか判断に迷ったら、「一部なら」「期限がいつまでなら」など、引き受けられる範囲を考えて、回答しましょう。

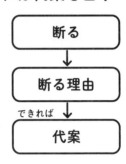

```
┌─────────┐
│  断る   │
└─────────┘
     ↓
┌─────────┐
│ 断る理由 │
└─────────┘
できれば ↓
┌─────────┐
│  代案   │
└─────────┘
```

ポイント
② 言いにくいことを伝えるときこそ、相手に敬意を

上司や先輩なら日頃の指導に、取引先ならお付き合いに、感謝の気持ちを抱きましょう。断る前に「お声がけいただき光栄ですが」「お気持ちはうれしいのですが」「よいお話だと思いますが」などの言葉があるとないでは、相手の心証は大違いです。断るときこそ、相手への敬意を持ちたいものです。

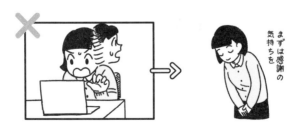

まずは感謝の気持ちを

ポイント

③ あいまいな断り方はしない

「今はちょっと……」と言えば、「後でならやってくれる」と思われるかもしれません。どうしても断らざるをえないなら、あいまいな言い方はせず、断る意思をはっきり伝えましょう。相手を傷つけまいとして言葉を濁すのは、かえって不親切です。後のトラブルを招きかねません。

よろしくね～

リモートワークでは……

文章やチャットだけだと少し冷たい印象になってしまいがちになります。可能であれば、ビデオ通話ができるツールを使用して、画面を通して気持ちを伝えましょう。

断るときも、自分と相手を客観的に見ながら

「忙しい」「取引条件が合わない」など理由はさまざまですが、まずは相手を立てること。断る理由を明示し、代案があれば示します。自分と相手を客観的に見て言葉を選び、断るときも前向きな会話を心がけましょう。

シーンによって変わる "断り方"

やわらかい印象にしたいとき

悪いんですけど……

後輩が相手であれば、「悪いけど」でもよいでしょう。でも、目上の人にはNGです。「心苦しいのですが」ならOKです。

お役に立てず申し訳ないのですが……

「できることなら役に立ちたい」と思っていることを言葉に表して伝えましょう。

大変申し上げにくいのですが……

相手の立場が上になるほど、話しづらくなります。「申し上げにくい」と、恐縮している姿勢を示しましょう。

はっきり断りたいとき

お断りします

これぐらい毅然と断りたい状況は、そう多くはないはず。かなり乱暴な印象を与えるので要注意です。

お断りさせてください

「お断りいたします」は自分が主体ですが、「させてください」とお願いする形にすれば、相手が主体になる印象を与えることができます。

不本意ではありますが、いたしかねます

「することができない」の謙譲表現です。「不本意」という言葉で「できれば引き受けたいと思っている」気持ちを伝えましょう。

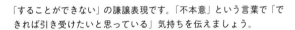

相手が気を悪くしないように。でも、ちゃんと断ろうね

CHECK

● 断るときには、お詫びの言葉を添えて。
● 相手の心証を想像しながら……。

137

使える"断り方"フレーズ集

◎いちおしフレーズ

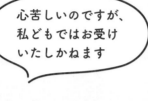

心苦しいのですが、
私どもではお受け
いたしかねます

まずは期待に添えずに申し訳ないという前置きから始めましょう。「いたしかねる」は「できかねる（することが難しい）」の謙譲表現。「できません」よりもやわらかく聞こえます。

こう使おう

先日の件、ご検討いただけたでしょうか

はい、慎重に検討いたしました

いかがでしょうか

心苦しいのですが、当社としてはお受けいたしかねます。と申しますのも……

これもいちおし！

あいにくですが……ご容赦ください

恐縮ですが……ご理解ください

基本編

協力を打診されたとき

 お役に立ちたいのですが、
あいにく時間的な余裕がありません

✕ こちらも手一杯なので、無理なんです

「お役に立ちたいのですが」で、「できるものなら協力したい」という気持ちを表せます。たとえ、あなたに非がなくても、お詫びの言葉も添えましょう。

今から打ち合わせしたいと言われたとき

 10時からA社、B社と打ち合わせが続くので、
帰社後、15時以降はいかがでしょうか

✕ そんな、急に言われても。もう出なければならないし、無理です

なぜ今は無理なのか、具体的に、端的に伝えましょう。代案を出すことを忘れずに。

今回に限って「できない」と言うとき

残念ですが、今回は見送らせてください

✕ 今回はちょっと無理かなぁという感じが……

語尾を濁らせてあいまいに断るのではなく、「見送らせてください」とはっきり伝えるほうが、かえって好感が持てます。もちろん表情でお詫びを伝えましょう。

応用編

熟慮したうえで断るとき

なんとかできないかと検討したのですが、どうしても都合をつけることが難しいです

 やっぱりだめでした

結果としてはだめでも、「努力しました」という誠意を見せましょう。

できそうもない依頼に対して

本当に心苦しいのですが、お引き受けすると、かえってご迷惑をおかけすると思います

 それは私には無理だと思います

できそうもない仕事を引き受けては、相手も含めた関係者に迷惑をかける恐れがあります。それを回避するためだということを、率直に伝えましょう。

引き受けるべきではない事案だと判断したとき

いたしかねます

 それはだめでしょう

キッパリ断るべき状況もあるでしょう。毅然とした態度のなかにも、礼儀を忘れてはいけません。立場や関係に留意しつつ「それでもなお」のケースに使います。

残業を頼まれたとき

 社内

◯ **本日はあいにく所用があり、どうしても残ることができません**

 少しならできなくもないんですが、その後、はずせない約束があって……

断るのは誰でもしづらいもの。だからといって、あいまいな言い方をするのは、かえって迷惑をかけます。できない理由を言って、はっきりと断りましょう。

経験がなく無理な仕事を「急ぎ」だと頼まれたとき

 社内

◯ **あいにく経験がありません。お急ぎでしたら、担当だった◯◯さんにご相談いただけないでしょうか**

 やったことがないので無理です。◯◯さんならできますよ

経験を積むためにできれば引き受けたいところですが、かえって迷惑をかけそうなら断ります。他の人を推薦するときには、その人への配慮も忘れないでください。

指定された打ち合わせの日時がNGのとき

 社外　かなり丁寧

◯ **申し訳ないのですが、その日はあいにく別件がございますので、他の候補日をいただけないでしょうか**

 その日は午前中は打ち合わせで、午後イチで出かけて、早く戻れるかもしれませんが、どうなるかわかりません

相手はあなたの細かい予定を知りたいのではなく、Yes か No の答えを望んでいます。断る際は、代案を出すようにしましょう。

予算の減額を申し入れられて

当方ギリギリの予算で進めており、ご要望にお応えしかねます。ご容赦ください

 あの予算がギリギリのラインなんです。これ以上はとても無理です

申し入れてくる先方も、言い出しにくい用件です。矢面に立つ人の心情を察し、キッパリ断ったうえで、「ご容赦ください」などの言葉を添えてください。

会社の方針を理由に断るとき

私としては不本意なのですが、会社の方針となります。お役に立てず申し訳ないです

 会社の方針なので、私にはどうすることもできないんです

自分としては断りたくないと思っている場合、その気持ちを伝えることです。「いたしかたない」は、自分ではどうにもならない状況で使います。

依頼案件をキッパリ断るとき

慎重に検討いたしましたが、お引き受けしかねます。この件は、なにとぞご容赦ください

 ちょっと難しいかなと思うんですよね

断っているのかどうかわからないような返事はNGです。ケースによりますが、断る理由を述べたほうがいいと判断するときには、きちんと伝えることが親切です。

懇願されたとき

ご事情お察しします。当社としましても、お応えしたい気持ちはあるのですが……、申し訳ないです

✕ 苦しいのはこっちも同じですから。無理です

「お察しします」の一言で、相手に寄り添った気持ちが表現できます。そのうえで断れば、先方もあきらめてくれるでしょう。

相手との友好関係を保ちたいとき

別件でしたら、お力添えできるかもしれません。またお声がけください

✕ また今度、よろしくお願いします

「気持ちとしては断りたくなかった」ということを伝えましょう。「また今度」は、くだけ過ぎです。

進みかけた案件を、途中で断るとき

今回の件は、白紙に戻したく存じます。ご期待に添えず、申し訳ないです

✕ 言いにくいんですけど、今回はなかったことにさせてください

相手方に非があるようなケースで使えます。「なかったことに」も「白紙に戻す」も同じ意味ですが、後者のほうがビジネスシーンでよく使われます。

飲み会やパーティーのお誘い編

今夜だけは都合が悪いというとき

あいにく今夜は所用がありまして。
次回はぜひご一緒させてください

すみません、今日は無理です

「親交を深めたい」「腹を割って話したい」などの誘いには、「本来なら断るのは不本意」「次回は、ぜひ」という意思を見せましょう。

飲めないのに飲み会に誘われたとき

せっかくですが、実はお酒が苦手なもので……
それでもよろしければご一緒させてください

私、飲めないんです。だから飲み会はちょっと……

「自分が飲めない」ことを強調するのではなく、「相手に悪いから」という気持ちを込めて、それでもよければ参加したい旨を伝えましょう。

苦手な場に誘われたとき

たいへん申し訳ないのですが、
あいにくその手のことが不得意でして……

すみません、今日は無理です

本当に苦手な内容や、興味のない集まりなど、どうしても行きたくなければ、その気持ちも伝えるほうがいいでしょう。「理由はあなたにあるのではない」と添えましょう。

断った後に①

○ **またの機会にぜひ
お誘いいただけたらうれしいです**

× すみませんね

断られた側の気持ちを想像してみましょう。「すみませんね」では、軽く見られていると感じてしまうでしょう。

断った後に②

○ **こちらの事情をお汲みいただき
ありがとうございます**

× どうか、わかってください

「事情を汲む」とは「事情を理解する」こと。「なにとぞご理解ください」と同じ意味になります。×のフレーズはくだけ過ぎです。

これも知っておきたい

断ることは悪いことではないですが、チームや組織で仕事をしている以上、断った仕事は誰かが代わりにやっています。周りの状況を見て、どうすれば依頼された業務を実行できるのかを自分ごととして考えられるようになると、周囲からの信頼が増していくでしょう。

SCENE 7　16:00
謝る

どんなに注意していても、仕事にはミスやトラブルがつきものです。
自分のミスが原因のトラブルなら、誠意を持って謝りましょう。
謝るタイミングや表現を間違えると、逆効果になることもあります。
謝るべきときは、潔く謝ることが大切です。

謝罪するときの心得

- 自分が原因のトラブルであれば、まずは謝る。弁解、責任転嫁はご法度。
- 謝罪に至った経緯を冷静に把握し、関係者への事実報告＆謝罪も忘れないこと。

若手社員
のキモチ＆ホンネ

キモチ

後回しにして
いたのは確か
だけど……

忙しそうだったから相談できなかった。そもそも難しい業務だったんじゃないの？とも。

ホンネ

もう少し先輩も気にかけて
くれれば……
忙しそうだし、
迷惑をかけたくない
まず、謝り方がわからない

背景

人に迷惑をかけたくないという気持ちがあるため、わからないことがあっても確認できず、後回しにしてしまいます。謝らないといけないと思っていると同時にどう取り組めばいいのかを仕事が発生した時点で教えてもらいたかったと思っています。

Q. 仕事でミスをしたとき、まずどうしますか？
（20〜29歳働く男女120人・複数回答）

DATA

A.

上司に報告する	75.8%
同僚に相談する	40.8%
上手な逃げ方を考える	21.7%
とにかく謝る	24.2%
ひたすら隠す	5.8%

0.0 10.0 20.0 30.0 40.0 50.0 60.0 70.0 80.0 (%)

上司・先輩
のキモチ＆ホンネ

キモチ

何の相談もなく、できていないのには驚いたわ……

気まずいのかもしれないけれど、私のためではなく仕事のため、きちんと相談や報告はしてほしい。

ホンネ

期限や手順を守るのは当然
「できなかった」の前に
相談してほしい
謝罪はあって当然だ

背景

与えられた仕事の期限や手順を各人が守ってこそ、業務は進みます。取り組みやすい仕事ばかりが与えられるとは限りません。「自分には難しい」ということも含め、相談は早めにしてもらうほうが対策やリカバリーもできて助かります。

若手の声

先輩に自分の失敗で迷惑をかけてしまった際、謝罪対応などこれ以上迷惑はかけられないとメールを書いたが先輩からは返信はなく、謝罪は口頭で行うようにとのこと。謝罪の際には、どうしたら気持ちを伝えることができるのかを考えるようにしている。（20代男性）

上司・先輩
の声

若手社員の心情として言いにくいのはわかるが、ミスの連絡がなかったためにお客様からご指摘をいただいてしまうことがあった。なるべく早い段階で謝罪と状況説明を受けていたら、状況の悪化を防ぐことができたかもしれない。（40代男性）

"謝る"ときのポイント

1 謝るべきことは、率直に、素直に謝る

自分のミスに気づいたら、まずは上司や先輩に報告、相談をして、事態を関係者に知らせて謝罪しましょう。発覚を恐れて知らないふりをしていても、いずれは発覚して信頼を失うことになります。ミスを指摘されたときも、言い訳や責任転嫁はせず、素直に謝りましょう。「申し開き」はOKですが、「その場逃れの弁解」はNGです。

2 メールではなく、直接謝る

誠意を示すには素早く行動することですが、メールではなく、できれば電話、可能なら足を運び、顔を合わせて謝ると誠意が伝わりやすいです。場合によっては手紙や謝罪文も有効です。迷惑の度合いが大きいほど、簡単に済ませられるメールでは失礼になります。ミスの原因は正確に伝え、再発防止策を提示します。

ポイント 3 「対外的な謝罪に至った経緯」を上司などに報告する

対外的な事案なら、上司から先方に謝罪することもあります。それは、上司に対して申し訳ないことではなく、会社として必要なことなのです。上司でなくとも、関係者として「うちの○○がご迷惑をおかけし」とお詫びするケースもあるので、社内の関係者に経緯をすみやかに報告しましょう。

リモートワークでは……

謝罪にあたってこみ入った説明が必要なときは前もって資料を用意し、モニターに映しながら話すことも有効です。謝罪するときには、資料ではなく自分の顔を映し、頭を下げてお詫びの気持ちを伝えましょう。

失敗の謝罪は素早く、心を込めて

謝るべきときに謝らなければ、信頼は失墜します。他人や時間のせいにしたり、責任を押しつけたり、開き直ったりせず、事実に対して真摯に向き合い、きちんと謝罪の思いを伝えましょう。

シーンによって変わる "謝り方"

予定の工程に間に合わなかったとき

別件で手一杯で、時間が取れませんでした

時間や他人などを盾に開き直るのは、最悪の態度です。たとえ事実でも、遅れたことはお詫びすべきです。

私の力不足で間に合わせることができず、申し訳なく存じます

直接の原因が自分になくても、担当者であれば潔く「自分の責任」として謝りましょう。

気づいたのは○月○日です。すでに○○で、打つ手がありませんでした。本当に申し訳ないことでございます

相手の立場によって、詳しい経緯を述べるほうがよい場合と、簡単な経緯の説明で十分な場合があります。それを見極めましょう。

メールをめぐるトラブルがあったとき

**メールですか。
来ていなかったと
思いますが……**

この対応では、トラブルが増幅するだけでしょう。

**メールを確認
できておりませんで
した。お手を煩わせて
失礼いたしました**

トラブルの原因を述べ、相手に迷惑をかけた
ことをきちんとお詫びします。

**メールを見落としていた
私のミスでございます。
心よりお詫び申し上げます**

かなり丁寧な言い方です。ミスの原因は自分にあったことを明確に
伝えたうえで、誠意を持ってお詫びの言葉を述べています。

CHECK

- 謝罪は心から。言葉にも、表情にも、態度
  にも、気持ちを込めること。
- 相手の立場に配慮しつつ、原因の説明をし、
  今後の方針などを伝えること。

謝罪する態度に、
社会人としての
資質が問われる

使える"謝り方"フレーズ集

◎いちおしフレーズ

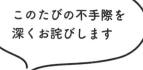

このたびの不手際を
深くお詫びします

手違いなどで取引先や顧客に迷惑をかけた場合、個人ではなく、会社として謝罪することになります。礼儀正しく、きちんとした言葉を使いましょう。

こう使おう

発注内容と違うんだけど、どういうこと？

確認を失念しておりました。
申し訳ないです

こんなことじゃ困るよ

このたびの不手際について
深くお詫びします

これもいちおし！

このような状況となり、
お恥ずかしい限りです

お詫びのしようもございません

自分の気配りが足りなかったとき

 私の不注意で、失礼いたしました

✕ うかつでした。すみません

ミスとまでは言えなくても、心配りが足りずに相手の不興を買うことはあります。「考えが及ばず」などのフレーズが使えます。

自分の勘違いだったとき

**私の心得違いがあり、ご不快な思いを
させてしまいました**

✕ 私の誤解だったかもしれません

「心得違い」は「思い違い」と同じ意味。「認識不足」でもよいでしょう。はっきり誤解だとわかっているなら「かもしれません」とのあやふやな表現はNGです。

起こした一騒動が終息したとき

**お騒がせをいたしました。今後ともこのようなこと
がないように○○を徹底いたします**

✕ お騒がせしました。本当にすみません

原因を誠実に伝えたうえで、今後の対策などを具体的に伝えることができるとさらによいでしょう。

謝
る

応 用 編

自分の失敗で大きなトラブルに至ったとき

お詫びの言葉もございません。**猛省しております**

 すみませんでした！ すみませんでした！ すみませんでした！

迷惑をかけたことを自覚するのはつらいものですが、自覚がなければ的確なお詫びもできません。「平にご容赦願います」「ご勘弁願えますでしょうか」もOKです。

自分の失言でトラブルになったとき

軽はずみな発言をいたしました。
私の不徳のいたすところです

 昨日は私も言い過ぎたかもしれません

「私も言い過ぎた」という表現には、「あなたも言い過ぎた」という意味が含まれます。たとえ事実でも、不適当でしょう。謝罪は潔くすることです。

重ねて迷惑をかけたとき

重ね重ねの不手際で、度重なるご迷惑を
おかけしました

 何度もすみません

同じ失敗を繰り返してしまうと印象がよくないものです。相手の立腹を理解して、相手が納得するような謝罪の方法を考えましょう。

上司に報告をし忘れ、トラブルに至ったとき

○ ご報告を怠りました。**重々お詫びします**

 なんかとっちらかっていて、ご報告を忘れていました。ごめんなさい

ミスにミスが重なると、状況を説明するのも難儀になります。しかし、自分1人では仕事の責任を取れないことを忘れてはいけません。

謝
る

不適切な言動で迷惑をかけたとき

私の不適切な言動により、ご迷惑をおかけしまして、たいへん申し訳なく存じます

× やらかしてしまいました

道徳的な面などで誤ったのなら、「不適切」がいいでしょう。注意不足なら「不注意」、忘れていたのなら「失念」、軽はずみなら「不用意」になります。

前の日の飲み会で先輩に迷惑をかけたとき

心ならずも、とんだ失態を演じてしまいました

 飲み過ぎちゃって、お恥ずかしい

「心から反省して、以後、気をつけます」という気持ちを伝えましょう。「いい歳をしてお恥ずかしい」「社会人としての自覚が足りなかった」と添えてもいいでしょう。

自分のミスではないが、他社に迷惑をかけたとき

社内で連携が取れておらず、ご迷惑をおかけしたことをお詫びします。二度とないように……

私はちゃんとやっていたのですが、
制作部の者が勘違いをいたしまして……

外部の人に迷惑をかけた場合、自分に非がなくても、矢面に立ったときには会社を代表するつもりで謝罪しましょう。他人のせいにするのはもってのほかです。

顧客からクレームを受けたとき

ご不快な思いをさせてしまい、
申し訳なく存じます。**真摯に対応いたします**

（慇懃無礼に）大変失礼いたしました。
貴重なご意見をありがとうございました

×は間違った表現ではありませんが、決まり文句なので、言い方によっては、かえって相手に不快な思いをさせかねません。表情や声のトーンなどに気をつけましょう。

相手に何度も失礼なことをしたとき

非礼の数々、申し開きの弁もございません

勘違いでした。以後、気をつけます

「ミスをしたのは相手だと思っていたら、実は自分だった」とわかったとき、決まり悪いものです。そういうときこそ、潔い謝罪をするべきです。

相手が怒り心頭のとき

 ○○様のお立場を考えればお怒りはごもっともです

✕ そんなに怒らないでください。冷静に話し合いましょうよ

頭に血が上った人に「冷静に話し合いましょう」と言っても火に油を注ぐだけの場合もあります。相手の表情を見ながら、言葉を選びましょう。

上司と一緒にお詫びに行くとき

 上の者と一緒に、お詫びに伺います

✕ 今から上司と伺って、ご説明します

「上の人間」を出すことで、事態を重く受けとめていることが伝わります。それだけで相手に誠意が伝わります。

後日、改めてお詫びに行くとき

 このたびは、本当にご迷惑をおかけしました

✕ 今回はすみませんでした

一度謝ったからといって、もうそれをなかったことに振る舞うのは論外です。相手は覚えているものと思って、誠意を持って対応しましょう。

謝罪を受け入れる側編

上司から「悪かったね」と言われたとき

とんでもないことです

 とんでもございません

「とんでもございません」「とんでもありません」は誤り。丁寧な口調で「とんでもない。大丈夫です」と言うのもOKです。

「迷惑をかけた」と謝られたとき 社内 社外

お互い様ですから、どうかお気になさらないでください

 いやいや、誰にでも過ちはありますから、もう忘れましょう

実際、いつ自分が迷惑をかける側になるかわかりません。言い方にもよりますが、×のフレーズでは、「上から目線」に感じられることもあります。

「どうか、もう忘れてください」と言いたいとき 社外 かなり丁寧

どうぞ、もうご放念ください

 もう気にしないでください

×のフレーズは、ほぼ同格でかなり親しい間柄ならOKですが、丁寧に言いたいなら、「忘れる」「心配しない」という意味の「放念」を使いましょう。

相手のチェック漏れが原因だったとき

 ○ **こちらもチェックすべきでした**

✕ もういいですから、次からは気をつけてくださいね

相手のミスは、指摘すべきケースでも相手を責めるべきではありません。故意ではないので、温かい気持ちで、さりげなく触れる程度にとどめましょう。

相手を安心させたいとき

 ○ **まったく問題ありませんから……**

✕ 今回は目をつぶりますから……

✕のフレーズは、同格や後輩にユーモラスに言うのならOKですが、目上の人にはかなり失礼になります。

これも知っておきたい

謝らなければならない状況では、反省すべきこともあるでしょう。一方、謝罪のしかたによっては相手からの信頼を取り戻し、関係性を深めることにつなげるチャンスにもなり得ます。再発防止を考えると同時に、誠心誠意謝罪をして、次につなげることを目指しましょう。

感謝する・お礼を言う

少しでもお世話になったら、きちんとお礼を伝えましょう。
「ありがとう」と言うだけではなく、「感謝の気持ち」を
相手に届けることが大切です。何かしてもらったときだけでなく、
それによってよい結果が得られたときにも、感謝を伝えましょう。

お礼を言うときの心得

- アドバイスをしてくれた相手には、アドバイスされたときだけでなく、結果が出たときにもお礼を。
- 場合によっては、上司から社外にお礼を言う必要が出てくることを念頭に置く。

若手社員
のキモチ＆ホンネ

キモチ

お礼って、
意外に口にし
にくいかも……

お礼を言うタイミングって？　状況によっては、気恥ずかしく感じていつの間にか機会を逃してしまう。

ホンネ

わざわざお礼だけ
言いに行くのも……
メールのほうが向こうも
助かるはず

背景

心の中には感謝の気持ちがあるのに、恥ずかしくて口に出せない、という場面があります。逆に、「上司なんだから丁寧に教えてくれて当たり前」「先輩なんだから困っているときに助けてくれるのは当然」だと思ってしまうこともあります。

Q. 仕事でうれしかったことはどんなことですか？
（20〜29歳働く男女120人・複数回答）

A.

上司・先輩に評価された	52.5%
お客様に感謝された	49.2%
能力が向上した	36.7%
同僚に感謝された	31.7%
給料が上がった（昇給した）	30.8%
社会に貢献できた	26.7%
責任のある仕事を任せてもらえた	25.8%
その他	2.5%

0.0　　10.0　　20.0　　30.0　　40.0　　50.0　　60.0（%）

DATA

上司・先輩
のキモチ＆ホンネ

キモチ

> お礼ぐらい、ちゃんと言ってほしいな

感謝されるために教えたわけではないが、何も言われないのは心配だし釈然としない。

ホンネ

社会人として
「ありがとう」は基本
うまくいったのなら、
一言ほしい
ちゃんとお礼を言ったかな

背景

「感謝すべき事柄・相手には、きちんとした態度と言葉でお礼を言う」のが社会人の基本。お礼を言ってほしいわけではないけれど、言われないと「なんだかな」と思います。社外などにも「言えていないのでは」と心配になります。

若手の声

感謝やお礼をする際に、後回しにしてしまうのが「ご馳走さまでした」。朝忙しくて伝えられなかったり、飲み過ぎてしまい出社がギリギリになり伝え損ねてしまったり。楽しかった飲み会の次の日だからこそ、少し早めに出社するように心がけている。（20代女性）

上司・先輩の声

若手社員に対して、できる限りのサポートをしたいと思っているが、我々上司も人間なのでお礼を言ってくれる若手社員と、言わない若手社員がいたら、お礼を言ってくる若手社員によりサポートをしたいと思うのが心情。（40代男性）

"感謝・お礼"のポイント

ポイント **1**

お礼は直接、口頭で伝えるのが原則

「わざわざお礼だけを言いに電話して、仕事の邪魔をしたらかえって悪い」など忙しそうだからと上司に遠慮して感謝の気持ちを伝えないのはNGです。直接、相手が見えたり声が聞こえたりすることにハードルを感じても、お礼は「直接、口頭で」が原則です。

ポイント **2**

「お礼」＝「報告」になることも

上司や先輩の指導でうまくいったことなら、「あの件、うまくいきました、ありがとうございます」と必ず報告しましょう。上司や先輩は、うまくいったがどうかを気にかけています。言われた側は「また力になってあげよう」という気になります。「忙しそうなのに声をかけたらかえって悪い」などと思う必要はありません。お礼の言葉の出し惜しみは禁物です。

報 告　連 絡　相 談 ✛

感謝の気持ちは拡散しよう

お世話になった相手に直接お礼を言うのは当然ですが、本当にありがたく思うなら、その気持ちを「拡散」しましょう。「○○先輩に○○してもらって」などと同僚に伝えれば、同僚は頼りになる先輩の存在を知ることができ、それを耳にした先輩も喜びます。職場の雰囲気もとてもよくなるはずです。

感謝する・お礼を言う

リモートワークでは……

お礼は相手の目を見て言いたいもの。しっかりカメラを見て「ありがとうございます」と言い、その後、頭をゆっくりと下げましょう。また、手伝ってもらって完成した資料などを共有するのもよいでしょう。

「感謝」の気持ちはすべての基本

お礼がきちんと言える人は、相手から信頼され、好感を持たれます。「また助けてあげたい」と思ってもらえます。「ありがとう」と言えばいいのではなく、「どうすれば感謝の気持ちが伝わるか」を考えてください。

シーンによって変わる "感謝・お礼"

今の感謝を伝える

どうもすみません

これでは「感謝」になりません。相手も違和感を覚えます。「どうも……」とだけ言って口を濁すなど論外です。

ありがとうございます

どんな場面でも失礼にならないのが「ありがとうございます」。それを基本に、適切な言葉をプラスしていきます。

誠にありがたく存じます

かなり上の立場の人を相手に、改まった場で使います。「深謝（拝謝）申し上げます」なども、かなり丁寧な表現ですので、特別なときに使います。

過去の感謝を伝える

この前はどうもでした

何も言わないよりはマシかもしれませんが、これでは社会人として失格です。

先日はたいへん
お世話になりました

「過ぎたことも、ちゃんと覚えていてくれた」と思ってもらえれば、相手の心証はとてもよくなるでしょう。

その節はひとかたならぬ
お心遣いをいただき、
誠にありがとうございます

かなり丁寧な表現です。「お心遣い」なのか「ご尽力」なのか「ご厚情」なのか、実際にしてもらったことに合わせて、ふさわしい言葉を選びましょう。

感謝すべきときには、ちゃんと伝えようね

CHECK

● お礼は「ありがとうございます」が基本。そこに適切な言葉を加える。
● 相手がしてくれたことに合った表現で。そぐわない言葉では誠意を疑われる。

使える "感謝・お礼" フレーズ集

◎いちおしフレーズ

おかげさまで無事に
事が運びました

お礼のフレーズは限られていますが、お礼を言うべき場面は無数にあります。感謝すべき状況をそれと認識し、会話の中できちんとお礼を述べることは、良好な関係を築くのに不可欠です。

こう使おう

ただ今戻りました

お帰り。首尾はどうだった？

上々です。アドバイスをいただいたおかげで、
無事に事を運ぶことができました

これもいちおし！

恐れ入ります

○○さんなしではこういった
結果は得られませんでした

親切にしてくれた相手に

お心遣いをいただき、
ありがとうございます

✕ どうも、すみません

お礼を言うべき場面で「すみません」と言う人がいますが、それでは感謝になりません。相手も違和感を覚えます。「ありがとうございます」が適切です。

自分のために尽力してくれた相手に①

おかげさまで助かりました。お礼を申し上げます

✕ いやぁ、助かりました

「あなたのおかげ」と言うべき状況では、感謝の言葉とともに、必ず「おかげで、○○です」「おかげさまで、○○でした」などと心をこめて伝えてください。

自分のために尽力してくれた相手に②

お骨折りいただき、誠にありがとうございます

✕ 本当にいろいろとすみませんでした

かなりの尽力に対して「悪い」という気持ちがあっても、最後は謝罪ではなく、感謝の言葉で締めくくるほうが、相手は気持ちいいもの。「ご尽力いただき、ありがとうございました」でもよいでしょう。

感謝する・お礼を言う

171

とてもうれしく思っているとき①

感謝の言葉もございません

 すごくうれしいです

「感謝の言葉もない」とは、感謝していないという意味ではなく、「感謝の気持ちが大きすぎて、表現する言葉が見つからない」ということです。

とてもうれしく思っているとき②

恐悦至極に存じます

 すごくうれしいです

「恐悦至極」は、畏れ多いと思いながら、この上なく喜んでいることで、とても改まった言い方です。 自分よりも上の立場の人にしか使いません。

相手の貢献を強調したいとき

○○様のお力添えなくして、
この成功はあり得ませんでした

 ○○さんのご協力で大成功でしたね

相手の多大な協力などで成功裡に至ったのであれば、それを強調します。「ご助力（ご尽力）なくして」もOKです。

相手から学ぶところがあったとき

○ **勉強になりました**

 なるほどですね

何かを指摘されたり、何かを教えてくれたりした相手にお礼を伝える表現です。「勉強させていただきました」「教えられました」もOK。

身の丈以上によくしてもらったとき①

○ **ひとかたならぬご厚情に深謝いたします**

 こんなにしていただいて、うれしかったです

相手を敬い、感謝の気持ちを伝える言い方です。口語なら「光栄の至りです」でもよいでしょう。

身の丈以上によくしてもらったとき②

○ **○○様には格別のご芳情を賜りました。**
厚く御礼申し上げます

 ○○様から特に格別のご芳情を賜られましたことにつきまして、厚く御礼申し上げます

「特に」と「格別」は同義。「賜られる」は間違った敬語。丁寧にと思って敬語を積み重ねると、おかしな日本語になりがちです。

手土産をいただいたとき

お心遣い、痛み入ります

 いやあ、これはどうも

頂き物をしたら、「結構な物を……」「頂戴します」「いただきます」とお礼を言いましょう。お見舞い金などであれば、「過分なお志をいただき」となります。

とりあえずのお礼を言うとき

いずれ、改めてお礼に伺います

 いずれ、改めてお礼に伺わせていただきます

トラブルの場に駆けつけ、世話になった人にとりあえずお礼を言う場合などに。「後日」「日を改めまして」「近いうちに、上司も一緒に」などもOK。×は二重敬語です。

過去のことについてお礼を言うとき

その節は、たいへんお世話になりました

 この前はありがとうございます

終わったことを何度も繰り返すと違和感を覚えるケースもありますが、繰り返しお礼を言うべきケースもあります。「あの折には」もいいでしょう。

事情を汲んでくれたとき

ご勘案いただき、ありがとうございます

 わかってくださり、ありがとうございます

「勘案」とは「あれこれと考え合わせること」という意味です。ビジネスではよく使われます。

複数の候補から自社製品を選んでくれたとき

お眼鏡にかない、喜ばしい限りです

 お目にかない、うれしかったです

「眼鏡にかなう」とは、目上の人に高く評価されたときに使う表現です。「お目にかなう」は誤用なので気をつけましょう。

上司が自分のために粉骨砕身してくれたとき

本当に頭が下がる思いです

 足を向けて眠れません

「足を向けて眠れない」は恩人への感謝を表す慣用句ですが、少しユーモラスな表現ですので、ビジネスシーンでは使わないほうが無難でしょう。

感謝する・お礼を言う

過分に褒められたとき 社外

私ごときに、もったいないお言葉です

 いやいや、とんでもない

どちらも謙遜するフレーズですが、×はかなりくだけた表現のためビジネスでは使いません。「恐れ入ります」「過分なお褒めの言葉です」なども、おすすめの言い方です。

想像以上に評価してもらったとき 社内

身に余る光栄です

 ありがとうございます

「ありがとうございます」だけでも間違いではありませんが、一言添えたいもの。「より一層、精進いたします」「ますます励みたいと思います」などでもよいでしょう。

辞めていく上司や先輩に、それまでの感謝を伝えるとき 社内

長い間、ご高配にあずかり、
本当にありがとうございます

 よくしてもらい、ありがとうございます

「ご高配」という言葉で、相手から「目をかけてもらった」「よくしてもらった」と感謝している気持ちが伝わります。「ご厚情」「ご配意」なども同様に使えます。

● お礼を言いつつ、申し出を断るとき

○ **お気持ちだけ、ありがたく頂戴します**

✕ ありがたいのですが、けっこうです

「お気持ちだけで」という表現で、断っていることは伝わります。断る場合の変化球で、相手の残念な気持ちを和らげます。

● 最上級クラスのお礼を言うとき

○ **このご恩は忘れません**

✕ 絶対忘れません！

「恩に着ます」というお礼の表現がありますが、その上級表現だと言えるでしょう。「ご恩は一生忘れません」は、少し大げさな印象を受けます。

感謝する・お礼を言う

これも知っておきたい

感謝の気持ちを伝えることを難しいと感じる人は少なくないかもしれません。それだけに、自分の気づかないところで支えてくれている上司・先輩にお礼が届けられていないということがあります。ぜひ大きな視野で、感謝の範囲を意識的に広げるようにしてみてください。

SCENE 9 （18:00）

雑談をする

「雑談」は自然発生的に始まり、たいして意味のない内容で終わることが
多く、「必要なもの」だという認識はないかもしれません。
しかし、雑談は関係性作りに重要であり、貴重な情報源です。
軽く見てはいけません。

雑談の心得

- 短い時間の軽い会話が、お互いの距離を縮めるキッカケになる。
- 難しく考えず、目に見えている物の感想や、自分の状況について
  軽く触れる程度で大丈夫。

若手社員
のキモチ＆ホンネ

キモチ

ちょっとした
雑談って、
どうして
必要なの？

就業時間外にコミュニケーション
をとる必要性が正直わからないと
思っている。

ホンネ

定時を過ぎたら、
個人の自由でしょ
上の人との雑談なんて
何を話せばいいんだろう

背景

仕事以外では正直何を話したらい
いのかわかりません。年齢や立場
が近い人ならまだしも、上司との
雑談など、共通の話題も見つかり
ません。退社後はプライベートを
充実させるために時間を使いたい
と思っています。

DATA

Q. 業務外のコミュニケーションの場について、
どのように考えていますか？

「働くことへの若手意識調査」（2020年4月）リ・カレント株式会社若手人材開発事業部

A.

業務を円滑に進める ためにも必要である	18.6%
場も時には必要だが、プライ ベートとの両立が前提である	51.4%
場を持つ必要はないと思うが、 時には仕方がない	16.6%
場は持つ必要はない	13.5%

数値は、四捨五入のため
100%にならないことがあります。

0.0　　10.0　　20.0　　30.0　　40.0　　50.0　　60.0 (%)

180

上司・先輩
のキモチ＆ホンネ

キモチ

雑談って
貴重な情報
交換の場なん
だけど……

もしかして仕事で悩んでいな
いかなど、本当の気持ちを知
りたいと思っている。

ホンネ

**勤務中に聞けない悩みが
聞けるかも
仕事ではわからない人柄も
知りたい**

背景

若手との雑談からも見えてくる個
性があります。その個性を把握し
てこそ、指示なども効率よく、円
滑にできます。また、プライベー
トの事情もある程度は把握してお
けば、何かのときに配慮できます。

若手の声

上司と外出する機会があったが、電車の中でずっと携帯電話を触って
いる上司になかなか話しかけられなかった。勇気を出してそのことを
話してみると「話すことが見つけられず携帯で仕事をしてしまってい
た」と。それからは気軽に話しかけられるようになった。（20代女性）

上司・先輩
の声

「上司や先輩に話しかけにくい」と若手社員は思っているかもしれな
いが、実はこちらも話しかけづらさを感じている。どんなことを考え
ているのかわからないので、「最近どう？」と聞いてみるがはっき
りしない。何を話しかければいいのかわからない。（30代女性）

雑談をする

"雑談"するときの**ポイント**

ポイント
（1）

雑談は貴重な情報収集・情報交換の場だと心得る

お互いを知り合い、よい関係を築ければ、仕事を進めるうえで大きなプラスになります。表面的な情報ではわからなかった仕事の内情が、雑談から見えてくることも。軽い情報収集・情報交換が、意外とビジネスに役立つのです。雑談は「かしこまり過ぎず、くだけすぎず」が原則です。

ポイント
（2）

自分の状況を知ってもらえるチャンスを活かす

プライバシーへの配慮は必要ですが、お互いの事情を知っておくのもよいことです。「上司には幼い子どもがいる」「先輩には持病がある」などと知っていれば、「今日は早く帰ったほうがよくありませんか」と声をかけることもできるでしょう。ときおり、自分のことも話題にしてください。

③ 上司や先輩、取引先とも積極的に世間話を

「自分からは話さない」「自分のことは話さない」人には、誰も心を開いてくれません。上司は、あなたの仕事からプライベートまで関心を持っています。話しやすい人だけでなく、上の人にも話しかけてみましょう。取引先の人にも、特に名刺交換の後は雑談から始めると場が和みます。

リモートワークでは……

オンライン会議が始まる前に入室したら、すでに雑談が始まっていた……そんなときには、ニコニコしながら聞き耳を立て、タイミングを見て話に加わってください。背景に見える家庭の様子を話題にしてもよいでしょう。会議前後が雑談のチャンスです。

雑談はお互いの距離を縮め、世界を広げるチャンス

「雑談なんてめんどくさい」と思わないこと。世間話を通して親しみが生まれ、興味深い情報から世界が広がります。雑談には、仕事からは見えない「人となり」がにじみ出るもの。それを知るチャンスでもあります。

雑談をする

使える "雑談" フレーズ集

◎いちおしフレーズ

週末はいかが
でしたか

「よい週末でしたか」で
は「Yes／No」の答え
で会話が終わってしま
うかもしれません。具
体的な返答をもらえれ
ば、話が弾みます。

こう使おう

週末はいかがでしたか

箱根に行ったんだ

そうですか、紅葉の季節ですね

うん、とてもきれいだったよ

これもいちおし！

そう言えば、○○でしたよね

今日は○○な日でしたね

● 帰り支度をしながら、近くの上司に

（社内）

 今日は仕事がはかどりました

✕ （独り言のように）終わった、終わった

「仕事がはかどった」と部下からにこやかに言われれば、「どこまで進んだ？」と上司も尋ねやすいもの。帰途につく前に、安心させてあげられるでしょう。

● 仕事についての感想を伝える

（社内）

 思ったより難しい企画ですね

✕ （独り言のように）ふー、疲れた

報告するほどではないものの「思うように進まなかった」とき、このように伝えれば、「大丈夫そう？」などと声をかけてくれ、状況を把握してもらえます。

● 先輩の仕事の状況を聞く

（社内）

 ご担当の案件はいかがですか

✕ ご担当の案件はあと少しで終了ですか

難渋しているようなら心配している気持ちを出しながら、うまくいっているようなら明るく話しかけましょう。✕の聞き方では、会話が広がりにくくなります。

雑談をする

自分から話しかける編

エレベーターを待っていて①

○ 日が長くなりましたね。
どこかに寄って行きたい気分になります

 お疲れさまです

なかなか来ないエレベーターを一緒に待つのは気まずいことも。当たりさわりなく、親しまれやすい話題を、さりげなく提供しましょう。会話が弾めばしめたものです。

エレベーターを待っていて②

今日の会議、予想以上の進展がありましたね

 今日の会議、疲れましたよね

共通の話題を見つけて話しかけるのはいいのですが、できれば明るい方向に会話が弾むように言葉を選びましょう。

帰社したタイミングで

そのスカーフ、素敵ですね

 イケてるスカーフですね。いくらでしたか

上手な褒め言葉は、会話を弾ませる起爆剤です。外見に触れるのは基本的にはNGです。こだわりの持ち物などに言及するのはよいでしょう。

話しかけられる編

上司が自慢話をし始めて

目の付け所が違いますね。
ご家族もびっくりなさったのではありませんか

 すごい、さすがですね

「褒めてもらいたい」「ビックリしてもらいたい」オーラが出ているときには、応えて
あげましょう。質問で返せば話が弾み、上司も喜びます。「お目が高い」もOKです。

先輩から初めて趣味の話を聞いて

面白そうです！　意外な一面をお持ちなんですね

 そうなんですか

趣味や特技の話を持ち出すのは、もっと聞いてもらいたいから。興味の持てるポイン
トを探して、盛り上げましょう。「楽しそうですね」などのあいづちもよいです。

急いで帰るところで「もう帰るの？」と聞かれて

はい、今日は母の誕生日なので、
お祝いをしようかと

 はい。今日はもう失礼します。お疲れさまでした

定時に退社するのに理由は不要かもしれませんが、プライベートを小出しにすること
で、親近感を抱いてもらえることがあります。

雑談をする

電話応対

ビジネスで電話応対はとても大切です。ビジネスマナーを
試される場と言ってもいいでしょう。上手な電話応対は、
仕事をスムーズに進め、人間関係を円滑にします。
電話応対の基本は、「迅速に」「丁寧に」「正確に」です。

心構えと話し方

迅速に

電話が鳴ったら、すぐに取
ります。会社の固定電話で
他の人宛なら、スムーズに
取り次ぎます。お互いの時
間を使っているという意識
で、素早く対応しましょう。

丁寧に

感じのよい、丁寧な電話応
対は、あなた自身もさるこ
とながら、会社の印象もよ
くします。言葉づかいは丁
寧に、早口にならないよう
に受け答えしましょう。

正確に

電話では聞き間違うことも
珍しくありません。聞き取
りミスは大きなトラブルの
もと。しっかりメモを取り、
復唱して確認することが必
要です。

**明るい声で
はっきりした滑舌で
敬語を使って**

電話をかける

直通の固定電話や携帯電話にかけるのでなければ、取り次いでもらうことになります。流れを押さえておきましょう。

はい、株式会社Aでございます

いつもお世話になっております。
B商事営業部のCと申します

お世話になっております

制作部のD様をお願いできますか

はい、少々お待ちください

>>> 指名相手が出たら

お世話になっております。B商
事のCでございます。実は……

>>> 指名相手が不在

あいにくDは外出中です

かしこまりました。改めてお電話
します。ありがとうございます

電話を受ける

会社で受ける場合、携帯電話とは違い、あなたは会社の代表であると言えます。それを自覚して、与える印象を想像しながら受けましょう。

はい、B商事営業部でございます

株式会社A制作部のDと申します。いつもお世話になっております

こちらこそ、お世話になっております

○○の件で確認をしたいのですが、ご担当の方をお願いいたします

>>> 自分が担当の場合

その件でしたら、私が担当ですので伺います

>>> 担当者がいる場合

かしこまりました。担当のEにお取り次ぎします

>>> 担当者が不在の場合

その件ならEが担当しておりますが、あいにく席を外しております。よろしければご伝言を承ります

電話応対の使えるフレーズ

使うシーン	フレーズ
電話に出る	⭕ はい、○○（社名）でございます
	❌ もしもし、○○です
最初の一言	⭕ いつもお世話になっております
	❌ お世話様です
出るまでに時間が かかったら	⭕ （たいへん）お待たせしました
	❌ （お詫びをしない）
相手が名乗らないとき	⭕ 恐れ入りますが、お名前を伺っても よろしいでしょうか
	❌ 失礼ですが、どちらさまですか
声が聞き取れないとき	⭕ 申し訳ございませんが、お電話が遠いようです。 もう一度お願いできますか
	❌ 聞こえないので、もう一度言ってください
取り次ぎを頼まれたとき	⭕ A部のBですね。お取り次ぎしますので、 少しお待ちください
	❌ （無言で取り次ぐ）
指名された人が 不在のとき	⭕ あいにく○○は席を外しております
	❌ ○○はいません
折り返したいとき	⭕ 恐れ入りますが、こちらからかけ直しても よろしいでしょうか
	❌ コールバックでいいですか
用件を確認すべきとき	⭕ 復唱いたします。○○ですね
	❌ （復唱しない）

監修 リ・カレント株式会社
若手人材開発事業部（トレジャリア）

　上場企業を中心に約300社の企業と取引実績が
ある業界屈指の研修会社。「個の可能性をひろげ、
組織の未来をひらくことにより働くことを心から
楽しむ『働楽社会』の実現に貢献する」をミッシ
ョンに、新人から経営者層まであらゆる階層に向
けて、リーダーシップ×フォロワーシップの相乗
効果によりリーダーとフォロワーが共に力を発揮
できる組織を作る企業研修を行う。

　なかでも、若手人材開発事業部（トレジャリア）
は、20代若手に特化したリ・カレントの研修事
業部門。20代のキャリアは宝物との意味を込め、
いまどきの若手の時代背景や彼らのマインドに寄
り添いながら、従来型の育成施策にはない、若手
のポテンシャルを引き出し、自発的に学ぶ力が身
につき現場実践を促進する社員研修プログラムを
提供している。トレジャリアが発信している若手
社員のメンタリティや意識調査は、テレビや雑誌
など複数の媒体で「いまどき新人」の説明として
取材・紹介された。

STAFF

編集：株式会社エディポック
編集・執筆協力：飯田みか
デザイン：APRON（植草可純、前田歩来）
イラスト：oyumi（I CREATOR MAISON）
DTP：株式会社明昌堂
校正：株式会社ぷれす、村上理恵

もうフリーズしない！ シゴトの会話力

監修者　リ・カレント株式会社 若手人材開発事業部（トレジャリア）
発行者　池田士文
印刷所　萩原印刷株式会社
製本所　萩原印刷株式会社
発行所　株式会社池田書店
　　　　〒162-0851　東京都新宿区弁天町43番地
　　　　電話03-3267-6821（代）／振替00120-9-60072

落丁・乱丁はおとりかえいたします。
©K.K.Ikeda Shoten 2021, Printed in Japan
ISBN978-4-262-17477-8

21000002